神이
선택한 여자

도서출판 시 윈

神이
선택한 여자

- 심 진 송 -

神이
선택한 여자

- 초 판 / 1995. 8. 15
- 인 쇄 / 2006. 1. 5
- 발 행 / 2006. 1. 5
- 저 자 / 심진송
- 발행인 / 배병호
- 발행처 / 도서출판 신원
- 등록번호 / 제 22-999호
- 주 소 / 서울시 동작구 사당1동 1007-39 우석빌딩
- 전 화 / 02)594-1594 팩스 / 02)594-1631
- 이메일 / sinwon21@korea.com

ISBN 89-87884-42-2
파본은 바꾸어 드립니다.
값 10,000원

목 차 CONTENTS

1장 거부할 수 없는 운명

◇ 프롤로그 • 9

신의 딸 • 17
이상한 징후 • 23
세상밖으로 • 32
불길한 예언 • 39
새로운 시작 • 47
나랏무당이 되거라 • 57
내아들 동자신 • 65

2장 떠나버린 내 사랑하는 아들

아픈 기억 속의 첫사랑 • 75
수채화같은 사랑이여 • 81
꺼져버린 효원이의 불꽃 • 87
사랑하는 아버지 • 98
어머니와의 화해 • 105

목차 CONTENTS

3장 신의 뜻대로
엉터리 부적 • 113
그래도 우리 신도지요 • 122
신의 뜻이니 • 134
죽은 사람 사주 • 142
김일성 사망 예언 • 147
떠도는 원혼들 • 156
영적세계와 인간세계 • 165
신령과 하나되어 • 170

4장 사랑할 수 있다면
또 다른 기억들 • 177
또 한번의 결혼 • 188
아들에게 사랑을 • 196

5장 영광의 미래를 예언한다
나는 세상과 하나된다 • 207
일본은 멸망한다 • 212

CONTENTS...

천운을 타고난 나라 • 216

대종교가의 출현 • 219

미래의 중심이 될 통일한국 • 222

시련의 날들 • 225

새로운 시대 • 228

신이 선택한 대륙 아프리카 • 231

21세기의 세계 • 235

6장 또 다른 미래의 예언

한걸음 더 세상속으로 • 241

등소평은 이미 죽었다 • 245

대북관계 • 250

우리나라의 국운 • 252

도래할 도덕과 신의의 시대 • 259

미래의 중심국가 • 262

외로운 사람들의 가장 가까운 벗이 되고 있는 그녀 • 265

프롤로그…

　나는 숱한 사람들의 사주를 받아 점사를 보면서도 정작 내 사주를 본 적이 없다. 중이 제머리 못 깎는다는 말이 있기도 하지만, 그렇게도 되기 싫어 자살을 네 번씩이나 시도하면서 무당이 된 팔자니 오죽하랴 싶기도 했다.
　그런데 어느날 친언니처럼 따르며 지내던 선배 무당이 내 사주를 봐 준 적이 있었다. 오래 전의 얘기지만 태백산으로 산기도를 드리러 갔을 때의 일이다.
　"얘, 내가 오늘은 네 사주를 좀 봐 주고 싶다."
　"아이구, 싫수, 뻔하지 뭐. 나이 서른 아홉에 무당된 팔자가 어련할려구……."
　"그러지 말고 이리 좀 앉아 봐."
　산기도를 드리고 난 후에는 신기가 저절로 동하는 터라 그때는 선배 무당을 말릴 길도 없었다. "너 이런 소리 들으면 선무당이 사람 잡는다고 할지 몰라도, 너 방 안에서 혼자 죽을 팔자다!" 혼자 죽을 팔자……. 살아가는 모습만큼이나 중요한 것이 있다면 그것은 죽을 때의 모습일 것이다. 나는 이제껏 내 살아가는 모습에 남다른 집착을 보이며 살아왔었다. 그러나 한 번도 죽을 때의 내 모습은 상상조차 해 본 적이 없었다. 그것은 아마도 이 현실만을 중요시 여기며 살아가는 사람들에게 죽음이란 너무 먼 이야기이기 때문이리라. 날 찾아오는 사람들에게 나는 언제나, "내일을 생각하면서 살아요. 희망과 행복은 먼 곳에 있는 것이 아닙니다. 지금 불행하다고 생각하면 내일의 행복을 위해 노력할 사람은 바로 당신, 당신 뿐입니다." 라고 말한다. 그런데 정작 내가 죽어갈 때의 모습을 한번도 생각해 보지 않았다니……. "어련할라고, 지금 주위에 사람들이 많아도 이렇게 외로운데……." "하기사 팔자가 좋다면 너나 나나 이렇게 무당짓 안하고 살겠지……." 무당 팔자……. 무당이 될 팔자는 따로 있다는 것을 나도 익히 알고 있었지만, 왠지 그 선배 언니의 말이 목에 걸려 설움이 복받쳤다. 나는 그 자리에서 그냥 울어버렸다. 산기도를 드린 후에는 화를 내거나 남을 험담하거나 우는 등의 감정의 변화가 있어서는 안된다. 평상심을 유지해야만 산기도의 효력을 볼 수 있는 것이다. 그럼에도 나는 그날 밤이 새도록 소리를 죽여가며 울었다. 밤새 눈이 붓도록 울던 나는 어슴푸레 새벽녘이 되자 목욕을 하고 다시 산에 올랐다. 휘적휘적 산에 오르는데, 갑자기 뒤를 돌아보고 싶었다. 뒤를 돌아보니 차가운 아침 기운이 감도는 산길만이 내 뒤로 길게 이어져 있었다. 나는 갑자기 이 넓은 세상에 나 혼자 버려져 있다는 외로움에 가슴 속의 그 무언가가 툭 하고 풀려나가는 것을 느꼈다. 그렇다. 이것이 나의 삶이었다. 뭔가를 향해 오르고 또 올라도 나를 따라 그것을 함께 하고자 하는 인기척 하나 느낄 수 없이 삭막했던 삶. 가슴이 뻥 뚫려 그 사이로 먼 산까지 바라 볼 수 있을 정도로 허망한 인생. 나는 그 자리에 주저앉아 오르던 길을 되돌아 보았다. 그리고 그 작은 길들 새로 스치는 바람이 나의 옷깃을 스쳐갈 때, 나는 또 한번 가슴 저 밑바닥에서부터 치밀어 오르는 커다란 덩어리와 같은 한을 느끼며 자리에서 일어나 가던 길을 재촉했다. 기도를 하고 돌아 내려오는 길에서 나는 다시 한 번 그 자리에 서서 내려오던 길을 바라보았다. 여전히 나는 혼자였을 뿐, 아까 그 바람만이 또 한번 옷깃을 스치며 지나갔다. 내가 무당이 되면서 얻었던 것들은 과연 무엇이었을까? 그리고 그것에 대한 대가는…….

먼저 얻은 것이 있다면 신을 얻었고, 그를 따르는 신도를 얻었고, 재물을 얻었다. 그리고 명예를 얻었다. 그리고 나는 친구들을 잃었고, 사랑하는 모든 사람들을 잃었으며, 평범한 삶의 한 귀퉁이를 통째로 잃었다. 평범한 삶. 그것은 내가 가장 바라고 원하던 삶이 아니던가? 그러나 내게는 평범하게 살아가는 일이 더 어려웠다. 평범하게 살기가 너무도 고통스러워 서른 아홉 해 동안 쌓아온 그 모든 것들을 버리고 무당의 길로 들어선 나였다. 나는 아침상을 물리고 신당 앞에서 기다리고 있는 사람들의 점사를 봐 주기 위해 신당으로 들어가면서, '나도 당신처럼 남편이 벌어다 주는 돈을 들고 이렇게 우리 가족의 앞날은 어떨 것인가를 물으러 무당을 찾고 싶구려.' 하고 하소연을 하고 싶어진다. 그러나 그것은 나의 생각 속에서만 섣부르게 존재할 뿐, 그 어떤 형태로도 드러낼 수 없는 것이었다. 그럴 때마다 '결코 주어진 운명에 거슬러서는 안된다. 그것은 분명 운명에 대한 도전이다. 그러나 그것은 물거품과도 같아 언제든 사라져 버리고 말 것이다.' 라고 언제나 나 자신을 추스려 왔다. 그리고 많은 사람들을 신 앞으로 끌어다 놓고 그들의 어려움을 풀어 주고자 기도를 할 때면, 나의 상념은 온통 그들에게로 가 있다. '그들이 편하기를, 그들이 부자가 되기를······' 오로지 그 하나만을 위해 참선하고 기도하고 축원 드린다. 그러나 내가 산을 오르내릴 때 느꼈던 외로움은 언제나 나의 등 뒤에서 망설임 없이 비수를 들이대곤 한다. 가장 힘들고 가장 어려운 순간에 나를 향해 강하게 내리꽂히는 것이다. "이렇게 살려 주면 뭘 하나······. 어렵지 않으면 나를 찾을 이유가 없다고 생각할 사람들인걸······."

그러나 나는 머리를 흔들어 내 삶에 대한 회의를 떨쳐 버린다. 그렇지 못하면 짙은 회의는 아가리를 벌리고 제물을 기다리는 미노타우로스 괴물처럼 한없이 나를 수렁으로 몰고 갈 것이라는 것을 잘 알고 있기 때문이다. 그리고 나는 다시 나의 마음을 정리한다. "아니다. 그들의 어려움을 풀어 준 것으로 만족하자. 평생을 살면서 단 한 번도 남을 위해 살지 못하는 사람도 분명 있을 것이다. 그런 면에서 나는 얼마나 행복한 일을 하고 있는 것인가?"

그리고 나는 다시 그들을 향했던 원망을 서서히 접어둔다. 나를 찾는 사람들 중에는 더러 신의 존재를 믿지 않는 사람들도 있다. 과연 눈으로 확인할 수 있는 것만이 믿을 수 있는 것이라는 것은 누가 가르치고 주입시켰을까? 샤머니즘이라고도 일컬어지고 무교라고도 하는 무속은, 원시 종교의 자취가

강하게 스며 있어서 흔히 미신의 온상으로 간주되어왔다. 그러나 고대부터 무당은 민심이 흐트러질 때 그 속에서 균형을 잡아 주는 선지자 역할을 해왔다. 과연 무속이 미신이라는 점에 정확하고 논리적인 근거를 댈 수 있는 사람은 몇이나 될까? 그들은 왜 신이란 존재하지 않는다고 하면서도 단군신화를 믿고, 어려운 일에 직면하게 되면 나와 같은 사람을 찾는 것일까? 어린시절, 우리는 어머니나 할머니들이, "얘, 거미가 줄을 타고 내려오니 오늘은 반가운 손님이 오겠구나." 라든가. "얘, 꿈자리가 사나우니 찻길 조심하고, 어디 들르지 말고 곧장 집으로 오거라." 하고 말했던 것을 기억할 것이다. 바로 이것이 무속이고 신앙이다. 우리는 보통, 신앙이라면 좀더 거룩하고 고귀한 그 무엇이라고 생각하지만, 생활 곳곳에 존재하는 이러한 금기들은 빛나는 예지로써 우리를 지켜 왔다. 선대로부터 전해 내려오는 경험을 이야기하고 그것을 믿고 따르는 것, 그래서 가장 우리 생활과 밀접한 것이 바로 토속신앙이고 무속이다. 우리가 아무리 의학의 발달을 자랑하지만, 막다른 골목에선 민간요법을 믿는 것과 같은 것이다. 옛날에는 무당을 가리는 작업에서 가장 선하고 맑은 사람을 골랐다고 한다. 그것은 분명 신을 올곧게 받아들일 수 있을 정도로 마음이 깨끗한 사람을 골랐다는 뜻일 것이다. 속되게 말하면 좀 덜된 사람이나 모자란 사람을 선택했다는 것이다. 이들은 현실을 살아가기에 어려운 사람들이다. 그럼에도 그들은 신을 불러 두루 평안할 수 있는 제를 주관했고, 변변한 의료진 하나 없는 세상에서 병든 자들을 고쳐 주었다. 지금도 이런 옛날 이야기들은 믿으면서 지금은 신을 강신할 수 없다고 믿는 사람들의 논리는 과연 어떤 것일까? 그 당시에도 신은 인간의 힘을 빌어 계시했고 병을 고쳐 주었다. 과학이 발달했기 때문에 그것은 불가능한 일이라고 믿는 사람들에게 나는 이 책을 바치고 싶다. 그리고 아직도 신병을 앓고 있으면서 그 운명을 거부하려는 사람들에게 나는 또한 이 책을 바친다. 그리고 신도 분명한때는 인간이었으며, 그 신이 인간을 위해 그들의 삶을 주관하려는 것은 헛된 망상이 아니라고 말하고 싶다. 과학의 발달 또한 인간이 이루어 놓은 것이기 때문에, 신이 인간과 교통한다는 것이 결코 불가능한 일이라고 말하기엔 너무 이르지 않나 싶다. 나는 신과의 교통을 통해 신들은 누구를 막론하고 인간을 사랑하신다는 사실을 알았다. 신들이 걱정하고 관심 있어 하는 것은 오로지 인간들뿐이다. 그리고 신은 반드시 자신을 믿는 사람들을 향해 이야기한다. 앞으로 이런 일이 일어날 테니 조심하라고, 그것은 앞을 내다보는 신의 영안 때문이리라. 그 영안의 세계를 영매로 삼고 있는 인간을 통해 미리 알려주는 것이 바로 예언이다. 가끔 기자들이 날 찾아와 언제 이런 일이 일어날 것 같으냐, 하는 등의 질문을 할 때마다 나는, '이 사람이 나를 시험하고 있구나.' 하는 생각을 한다. 그들도 곧이 곧대로 신을 믿지 않고, 다만 자신들과는 다른 능력을 가졌다는 것만을 인정하면서 나를 시험하는 것이다. 그러나 그것은 아무래도 좋다. 신을 믿든 나를 시험하든 그것이 중요한 문제는 아니라고 생각한다. 만일 내가 그것을 중요시 여겼다면 아마 나 심진송은 무권을 찾으려는 운동에 앞장 서느라 신의 말씀을 제대로 전하지 못했을 것이다. 평범하게 살았고 누구보다도 신의 강신을 부정했던, 보통사람이었던 나 심진송이 과연 돈을 벌기 위해서만 무당이 되었을까? 이 물음에 대해 나는 이렇게 말하고 싶다. 그 어떤 무당도 돈을 위해 사회적으로 배척당하다시피 하는 무당이 되기를 원하지는 않을 것이다라고 앞에서도 말했듯이 그들도 모두 평범하게 자신의 생각을 얘기하면서 살아가고 싶어 하는 보통사람들이었다. 이 책이 나오면서 세간에 풀어질 입방아들을 나는 알고 있다. 분명 유명세를 가속화 시키기 위해 별로 관심의 대상이 되지 못할 자신의 이야기를 내 놓은 것이라고 그리고 한번 더 이벤트를 벌여 인기를 유지하고 싶어서 낸 이야기라고 저마다 살아온 이야기를 풀어 놓으면 책으로 한 권 분량이 나오지 않을 사람이 어디 있겠느냐고 그러나 나는 감히 그들에게 이렇게 말해 주고 싶다.

"그러나 나는 신의 말씀대로 했습니다."

1장...
거부할 수 없는 운명

신의 딸

어쩌면 나의 신끼는 아주 오래 전부터 시작된 것이 아닌가 싶다. 그러한 신끼는 내 나이 다섯 살 때 사후세계를 다녀온 후 더욱 발하였던 것 같다.

여덟 살 때의 일이다. 경제적으로 여유가 있던 우리 집에는 중석이라는 머슴과 창수라는 머슴이 둘 있었다. 그런데 어느 날 갑자기 그들이 도망갈 것 같은 예감이 들어 나는 어머니께 말씀을 드렸다.

"엄마, 창수 오빠랑 중석이 오빠가 도망갈 거야."

"뭐라구? 걔들이 그러든?"

"아니, 그냥 그럴 것 같아……."

당연한 일이지만, 그때 어머니는 별 소리를 다 들어보겠다며 내 얘기를 진지하게 듣지 않으셨다. 그런데 사흘 후, 두 머슴은 집에 있는 돈을 훔쳐 도망을 갔다. 어머니께서는,

"너, 정말 걔들이 하는 말 들은 거 아니니?"

라고 물으셨지만, 나는 그런 얘기를 들은 바도 없고 그냥 알게 되었던 것뿐이라고 말씀드렸다. 어머니는,

"참으로 신기한 일이구나. 넌 하나님의 딸 인가보다." 라고 말씀하시곤 곧 그 일을 잊으셨다. 굳이 염두에 두기엔 대수롭지 않은 우연의 일치라고 생각하셨던 모양이다.

열 살 때의 일이었다.

마을에 가뭄이 들어 이웃마을의 무당이 우리 마을까지 와서 기우제를 지내게 되었다. 굿을 하고 있는 집 앞을 지나는데, 그 집에서 갑자기 용이 하늘로 올라가는 것이 보였다. 어린 마음에 하도 신기해서 그저 하늘만 올려다보고 있었다.

"뭐하고 있니?"

굿을 마친 무당이 집 앞에 앉아 하늘을 올려다보고 있는 나를 보고 물었다.

"아줌마네 집에서 커다란 뱀이 하늘로 올라가는 것을 봤어요."

"얼마나 커다란 뱀이었냐?"

"굉장히 컸어요. 수염도 아주 길고 눈이 큰 뱀이었어요."

"그건 용이라고 하는 거야. 그래, 비가 올 것 같니?"

"내일 비 올걸요."

햇빛은 쨍쨍한데 느닷없이 내일 비가 올 거라는 내 말을 믿었던 이는 바로 그 무당밖에 없었다.

그 다음 날, 하늘에선 장대비가 주룩주룩 쏟아졌다.

그렇게 어린시절부터 신기하게도 하는 소리마다 그대로 이루어지는 일이 많았지만, 사람들은 그저 '뭘 모르는 어린 계집아이의 소리' 쯤으로 여겼었다. 더구나 나 자신도 그런 일에 대해 두려움을 갖는다거나

이상스럽게 생각하지 않았다.

 그러다가 서른한 살이 되면서 나는 내 몸의 신끼를 스스로 느낄 수 있었다. 그것은 어쩌면 나에게 두려운 경험이라고 기억된다. 어느 날이었다. 가만히 앉아 신문을 보고 있는데, 문득 옆집 아저씨가 죽을 거라는 생각이 들었다. 왜 멀쩡하게 살아 있는 옆집 아저씨가 죽는다는 생각이 들었을까……. 생각할 겨를도 없이 사흘이 지나자 옆집 아저씨는 갑작스런 사고로 죽었다.

 한 번은 이웃에 사는 만삭이 된 새댁을 길에서 우연히 만나게 되었다. 그런데 그 새댁과 인사를 나누고 가다말고 나도 모르게,
 "새댁, 그 아이 세상에 나와도 오래 못살겠네."
 라고 말했다. 전혀 의식을 하지 못하고 내뱉은 말이었기 때문에 나 자신도 당황할 수밖에 없었다.
 "뭐라구 그러셨어요? 예?"
 놀란 새댁은 자신의 귀를 의심이라도 하듯 다시 물었다.
 "그 아이, 세상에 나와도 오래는 못살 거라고 말했어. 정말이야. 두고 봐."
 나는 내 자신이 무슨 말을 하고 있는지 깨닫기도 전에 똑같은 말을 반복하고 있었다.
 "이 아줌마가 미쳤나? 아니, 병원에서도 건강하다는 이 아이가 왜 오래 못살아? 아줌마 정신병자지? 아니, 나하고 무슨 억하심정이 있길래 그런 악담을 해요? 나참 기가 막혀서……. 말 함부로 하는 사람 잡아가는 법은 없나?"
 새댁은 펄쩍 뛰면서 달려들었다. 한 마디만 더 하면 그 자리에서 나를 가만 두지 않을 것 같은 기세였다. 그러나 나는 다음 말을 제어하기

가 힘들었다.

"두고 보라는데도……."

"아니, 이 여자가 정말 미쳤군. 평소에 얌전하고 정숙하길래 좋은 아줌마다 싶었더니 완전히 또라이 아냐? 그렇게 죽고 싶으면 너부터 죽여줄게. 어디다 대고 헛소리야, 헛소리는?"

그 새댁은 완전히 이성을 잃은 채 내게 달려들며 악다구니를 쳤다. 내가 새댁이었더라도 참을 수 없는 악담이 아닐 수 없었다. 이제 아이를 갖게 되었구나 하고 기쁨에 들떠 있는 새댁에게 어떻게 아이가 태어나도 오래 못산다는 이야기를 할 수 있겠으며, 그 말을 그럴 수도 있겠다고 들을 사람은 어디 있겠는가?

그러나 그렇게 내가 욕먹는 것으로 그 아이가 잘 살아 주었다면 얼마나 다행스런 일이었겠는가? 그 아기는 태어난 지 2주만에 선천성 심장병으로 죽고 말았다.

아이를 잃고 거의 넋이 나간 그녀를 보면서 나 자신에 대해 회의를 하지 않을 수 없었다. 마치 그 아이는 나의 저주를 받아 죽게 된 것만 같았다.

'도대체 어쩌려고 이런 엄청난 일이 자꾸만 일어나는 것일까?' 나는 문득 문득 나 자신에게 소름이 끼쳤다. 이것은 분명 하늘이 내게 내리는 벌이 분명했다. 그렇지 않고서야 어떻게 내뱉는 말마다 그대로 맞아 떨어지는 일이 생길 수 있을까? 나는 그 일이 있은 후 길에서 사람들을 만나도 고개를 들지 않았다. 사람들 얼굴을 보면 또 무슨 말을 지껄이게 될까 봐 겁이 나서였다.

그리곤 한동안 잠잠했다.

재혼을 한 후, 나는 남편을 도와 장사를 하고 있었는데, 제법 벌이가 괜찮았다. 그래서 뒷집 아주머니에게 얼마간 돈을 융통해 주었는데, 몇 달은커녕 해를 넘겨도 돈을 주지 않았다. 가만히 보니 돈이 없어서가 아니라 있으면서도 주지 않는 것이었다.

"아줌마, 남의 돈 빌려 가서 약속도 안 지키고 왜 그래요? 우리가 땅 파서 장사하는 것도 아니고 돈이 남아도는 것도 아니니까 돈 주세요."

그러나 그 아주머니는 돈이 없으니 못 주지, 왜 안 주겠느냐고 도리어 화를 냈다. 그렇게 돈이 있으면서 주지 않는 것은 순전히 강도심보니 어쩌니 해 가면서 싸움으로까지 번졌는데, 그 아주머니는 결국 나한테 '있는 년이 더한다'며 머리채를 잡아채기까지 했다.

너무 화가 난 나는,

"당신 남편이 죽어, 이 여편네야!"

라고 말했다. 화는 났지만 하려고 했던 말은 아니었다.

"그래, 어디 내 남편 안 죽기만 해 봐라. 네년을 내가 가만 놔두나. 돈 있다고 어디 젊은년이 유세야, 유세가? 야, 돈 있어도 안 갚는다. 어디 그 돈을 언제 돌려주나 봐라. 내가 돈이 남아돌아 이불을 해 덮어도 네년 돈은 안 갚을 테니……. 그러니 니 맘대로 해."

나는 내가 내뱉은 말에 적잖이 놀라고 있었지만, 그 아주머니는 흥분을 한 탓인지 오히려 그 말을 받아 더욱 험한 말을 하고 있었다. 그 아주머니 생각에도 얼토당토않은 말이라고 여겼을 것이다. 나는 싸움이고 뭐고 내가 내뱉은 말에 덜컥 겁이 나서 그냥 그 자리를 피하고 말았다.

이 일이 있은 후 며칠 뒤, 포크레인 기사로 착실하게 살던 그 집 남편이 갑자기 일하던 중에 심장마비로 죽었다는 것이다. 그것도 내가 그렇게 저주를 내뱉은 지 며칠 되지 않아 생긴 일이어서 나는 마치 내가 내린 저주 때문에 죽었다는 생각이 들었다.
 나도 모르게 사람들에게 퍼붓는 악담 한마디 한마디가 현실로 나타날 때 느껴지는 소름끼치는 전율. 이런 일련의 사건들이 가져다 준 충격은 이루 말할 수가 없었다. 절대 그 사람이 없는 자리에서는 그 사람 칭찬도 하지 말라는 어머니의 말을 귀에 못이 박히도록 들으며 자라온 나였다.
 그 후 나는 나 자신에 대한 섬뜩한 생각으로 거의 바깥출입을 삼가하면서 말수도 적어져 갔다.

이상한 징후

　남편의 사업이 점점 기울어 갔다. 더구나 내가 재미를 붙이고 하던 부동산 사업도 사기를 당하고 말았다. 결국 겁없이 투자에 투자를 거듭했던 남편의 사업은 하루아침에 그야말로 쫄딱 망하고, 그 바람에 우리 부부는 집까지 내 주고 거리로 나앉게 되었다.
　우리는 패물 판 돈으로 부천시 원미동에 전세 2백만 원짜리 단칸 셋방을 얻어 이사하게 되었다. 햇빛도 잘 들지 않는 원미동 셋방에서는 사업의 실패보다 더 참담한 생활이 우리를 기다리고 있었다.
　남편은 아침이면 일거리를 찾아 밖으로 나갔고, 나는 집에서 멍하니 창 밖만 바라보는 신세가 되었다. 수입이 없어지니 자연 하루 하루 때꺼리 걱정이 앞섰고, 언제까지 창 밖만 내다볼 수만은 없었다. 때마침 이웃집 여자의 소개로 우유배달을 시작할 수 있었고 작은 돈이나마 돈을 벌 수 있다는 것이 무척 고마웠다. 그러나 그 우유배달은 월급때가 못되어 몸살로 앓아 눕는 바람에 그 자리마저 다른 사람에게 빼앗기고 말았다.

　또 한번은 크게 마음먹고 파출부로 일을 나갔다. 첫인상이 깔끔해서 좋다던 그 주인집 아주머니는 일이 다 끝난 후에 돈 육천 원을 주면서,
　"제발 일 다니지 말아요. 일 그따위로 하면 일당은커녕 욕만 먹기 딱 알맞지. 아마 고생 한번 못해본 것 같은데, 아줌마한테 맞는 일을 찾아 봐요. 알았죠?"
라고 말하며 나를 돌려 보냈다. 그후, 그 소문이 퍼졌는지 소개소에서는 전혀 전화가 오지 않았다.

　그러는 동안 한동안 의지로 눌렀던 신끼가 다시 고개를 들기 시작했다.

　처음에는 그저 좋은 일만을 얘기해 주던 나의 신끼는 언제부터인가 좋은 일이나 나쁜 일이나를 가리지 않고 불쑥 불쑥 입 밖으로 내뱉게 되었다. 도저히 내 스스로 제어가 안될 지경이었다. 사소하게는 주인집 아주머니에게,

　"아줌마, 아저씨 내일 출장가겠네."
하면 정말 다음 날 출장을 갔고, 어느 집에 누가 돌아가시게 되었다고 하면 그 말대로 되었다. 그러나 문제는 그것이 지나쳐서 지나가는 사람 아무나 붙들고 보이는 대로 내뱉는 것이었다.

　신끼가 오른 나의 머릿속은 세상만사가 입력된 슈퍼컴퓨터와도 같았으며, 그 컴퓨터에서는 우주의 삼라만상이 다 입력되어 있어 어느 키보드든 누르기만 하면 텔레파시가 통하는 그야말로 첨단 레이더였다. 그 키보드를 누르는 역할은 길에서 만나게 되는 숱한 사람들이었다. 낯선 인물들이 내 시야에 들어오기만 하면 나는 마치 키보드를 누른 컴퓨터처럼 그의 과거에서 현재, 미래까지 줄줄 막힘없이 떠들어댔

다. 뿐만 아니라, 어떤 일이든 생각만 하면 그일에 대해 과거부터 미래까지 줄줄이 나왔다.

 그러나 난 이런 일들이 거듭될수록 나 자신에 대한 무서움으로 밤잠을 설쳐야 했다. 그래서 종래에는,

 '내가 왜이러지……. 이러면 안돼. 이건 미쳐가고 있는 증거야. 어머니 말씀대로 하느님을 믿지 않기 때문이야.'
라며 스스로를 저주하면서 집안에만 틀어박혀 있게 되었다.

 그러던 어느날, 머리가 깨질 듯이 아파 잠에서 깨어났다. 머리를 감싸안고 데굴데굴 구르다가 먹은 것을 다 토해냈다. 알 수 없는 징후는 나를 점점 더 깊은 절망 속으로 밀어 넣었다.

 그러다가 언제 그랬냐는 듯 머릿속이 개운해지면 나는 자리를 털고 일어나 밖으로 뛰쳐나왔다. 그리고는 아무 집 대문이나 벨을 눌렀다.

 "아니, 아줌마가 웬일이유?"

 평소 안면이 있던 그 집 아줌마가 반가이 맞았다.

 "아줌마, 아저씨 바람났어요. 그 여자는 가까운데 있는 여잔데, 나이는 서른 하나 먹은 노처녀예요. 얼굴은 갸름하고 머리는 짧은 커트머리예요. 몸매는 아주 날씬하고……."

 멍하니 내 말을 듣던 아주머니는,

 "아니, 어디서 봤어요?"
라고 말문을 막았다.

 "아니, 그냥 알아요……."

 "그냥 안다니? 지금 어디서 보고 와서 하는 말 아녜요?"

 "보기는요, 못봤지만 저는 알 수 있어요. 한번 알아보세요. 안그러면 아줌마네 재산이 축나겠는걸……."

그러자 그 아주머니는,

"별 미친년을 다 보겠네."

라며 나의 따귀를 때렸다. 그리곤 집 앞으로 달려 들어가더니 물을 한 바가지 퍼가지고 나와서는 피할 사이도 없이 내게 물을 끼얹고 말았다.

"아줌마, 두고보세요. 삼개월 안에 들통날 테니……."

"삼개월이고 삼년이고 어서 썩 꺼지지 못해? 멀쩡한 남의 집 남편 잡는 소리하지 말고 네 남편이나 잘 단속해. 그럴 힘있으면……."

삼개월 뒤, 그 아주머니는 나를 찾아와서는,

"아주머니 말이 맞네요. 도대체 어떻게 했으면 좋겠어요. 그 여자는 바로 다름 아닌 우리 남편 사무실에 드나들던 보험 외판원이었지 뭐예요."

라며 어떻게 막을 수 있겠느냐고 물어왔다.

그렇게 시작된 그 아주머니와의 인연은 내가 내림굿을 받게 되었을 때 모자란 돈 백만 원을 빌려주기까지 했다.

나 자신도 주체할 수 없는 신끼가 잠잠할 때는 온사지가 뒤틀리거나 두통으로 머리를 쥐고 데굴데굴 구르면서 하루를 보냈다. 백약이 무효였고, 없는 돈에 남편이 병원을 데려갔지만 병원에서도 변명을 몰랐다. 다만 동네에서 수근거리는 소리로 남편은 정신병이 아닌가 고민하는 눈치였다.

"곧 나아질꺼야. 너무 걱정하지 말아. 그리고 이봐, 정신 놓으면 안돼. 다시 예전처럼 살아야지……."

머리를 쥐고 데굴데굴 구르는 나를 끌어다가 이부자리에 눕히면서 남편은 눈물까지 글썽이며 나를 '정신나간 여편네'로 몰아가고 있었다. 아마도 갑작스레 망한 사업 때문에 경제적으로 어려워진데다가 주변 환경까지 바뀌어 잠시 정신착란 증세를 보이는 것이라고 생각 했던 모양이었다.

　남편은 내가 원미동 안에서 벌이고 다니는 '깜짝쇼'의 내막을 알 턱이 없었다. 나는 그렇게 하루를 앓아 누워 있다가도 자리에서 일어나기만 하면 밖으로 뛰쳐나가 그야말로 '깜짝쇼'를 연출하곤 했다.

　어느 날이었다. 원미동 시장통을 걷고 있는데, 갑자기 한 양품점에서 발이 멈춰졌다. 그리곤 가게 안으로 들어갔다.

　"어서 오세요……"

　손님이 없던 터에 반가이 나를 맞는 주인 여자의 얼굴을 보고 있다가 나는 느닷없이,

　"아줌마, 아저씨 오늘 교통사고 당하는데 어쩔꺼야?"
라고 내뱉었다.

　"예? 뭐라구요? 지금 나한테 하는 말이에요?"

　"그럼 여기 누구 또 있어요? 아저씨 퇴근길에 교통사고 당한다니까……"

　"이 여자가 미쳤나? 지금 무슨 소리를 하는 거야? 원 재수가 없으려니까, 아니, 개시 손님인가 했더니 이게 웬 날벼락이래? 엉?"

　두팔을 걷어붙이고 나를 향해 달려드는 그 여자에게 나는 질세라,

　"두고 봐, 두 시간 안에 연락 온다구."
하고는 가게를 나왔다. 그 양품점 주인은 분이 풀리지 않았는지 내가 그 자리에서 보이지 않을 때까지 욕을 하는 것 같았다.

　그리곤 또 한참을 돌아다니다 한 생선장사 아주머니 앞에서 걸음이 멈춰졌다 생선장사 아주머니는 손님이다 싶어 연신 이것저것을 만지며 싱싱하다고 외치고 있었다.

"아줌마, 아저씨 초상집 다녀왔죠?"

생선을 팔려고 하던 그 아주머니는 의아스런 얼굴로 나를 바라보았다.

"나 알아요? 같은 교회 다니나? 그걸 어떻게 알아요?"

"아줌마 얼굴에 상문이 잔뜩 끼었는걸 뭐. 그런데 아줌마 큰일났어요 아저씨 낼 모레부터 아프기 시작하다가 열흘을 못가 죽어요."

당연히 듣는 사람 입장에서는 어이가 없는 말이 아닐 수 없었다.

"아니, 당신 무당이유? 그래도 그렇지, 멀쩡하게 일 나간 남편이 열흘 안에 죽는다니, 이게 무슨 말이야? 엉? 이거 이제보니 미친년이구먼!"

처음에는 그 아주머니도 어처구니가 없던지 감정을 억눌러가며 그렇게 말했다. 그때 나는 끝을 냈어야 했다 그러나 나는 참지 못하고,

"정말이야, 아줌마. 내 말이 틀리면 내 손에 장을 지져요."

라고 덧붙였다.

"뭐라구? 아니 이년이. 미치려면 곱게 미치지, 왜 멀쩡한 남의 남편이 죽는다는 소리를 해? 그래, 어디 니년이 내 손에 죽어봐라……."

생선가게 아주머니는 생선 자르는 칼을 들더니 금방이라도 나를 죽일 것처럼 달려들었다. 나는 문득 정신이 들어 그 자리를 피하면서도 계속해서,

"정말인지 아닌지 두고보면 알건데 왜 그래?"

하며 소리를 질렀다.

참으로 알 수 없는 일이었다. 도무지 남하고는 얘기도 잘 안하던 내가 스스로 걸어나가 알지도 못하는 사람들에게 그렇게 알 수 없는 얘기들을 떠들고 다니는 자체가 나 자신도 이해할 수 없었다.

안그래도 시끌벅적하던 시장은 아예 아수라장이 되었다. 나는 흥분해 날뛰는 그 아주머니를 피해 한 시간 가량 숨어 있었다. 아무 생각도 하지 않고 한쪽 구석에서 쪼그리고 앉아 있다가 슬슬 일어나 아까 그 양품점으로 갔다.

양품점의 문은 닫혀 있었다. 가게 앞을 기웃거리고 있는데, 옆집지물포 아주머니가 나와 나를 한참 보더니,

"아까 그 아줌마네. 아이구 어떻게 알았수? 조금 전에 그 가게아줌마 남편 교통사고 당했다는 전화 받구 부리나케 갔어요. 성가병원에 입원했다지, 아마?"

라고 말했다.

나는 그 길로 얼른 집으로 돌아왔다. 그리고는 어이가 없어서 이불을 뒤집어쓰고 울었다. 도대체 이게 무슨 일인가? 내가 내뱉는 말이 모두 불행한 현실로 나타나고 있었던 것이다.

그 뒤로 나는 연 삼일을 앓아 누워 있었다. 사지가 뒤틀려 버둥거리다가는 갑자기 머리를 감싸쥐고 엉엉 울면서 방바닥을 기어다녔다. 그러다 삼일이 지나자 고통은 씻은 듯이 나았고, 나는 어느새 원미동 시장으로 발길을 옮기고 있었다.

"아이구, 아줌마 어디 사는 무당이슈? 생선가게 아줌마네 아저씨가 오늘 낼 하는데, 병원에서도 고치지 못한데……."

주변의 선가게 아주머니들이 그날의 나를 기억하고 내게 묻지도 않은 말을 해 주었다. 나는 문득 반드시 그 아저씨가 죽을 것 같다는 예감이 들었다. 아니, 나의 뇌리에는 그 아저씨는 이미 죽은 모습이었다. 붙잡고 얘기라도 해보려는 그 사람들을 뿌리치고 나는 혼이 빠져 나간 모습으로 덜렁거리며 집으로 돌아왔다.

그리고 나중에 알게 된 사실이지만, 그 집 아저씨는 손도 못써보고 죽었다는 것이었다.

나는 어느새 시장통에서 유명한 점쟁이로 소문이 나 있었다. 그도 그럴 것이 사소하게 내뱉은 말 한마디 한마디가 모두 맞아 떨어졌기 때문이었다. 더러는 지나가는 나를 데려다가 앉혀놓고 자신이 언제나 시장 사람을 면하겠느냐고 묻기도 했다.

또 며느리가 결혼한 지 3년이 되도록 아이가 없다면서, 언제나 아이가 생길 것 같으냐고 물어오는 아주머니도 있었다. 그때도 내가 한 말은 쪽집게로 집어내듯 맞았고, 그런 날이면 시장 아주머니들은 이 물건 저 물건 한 보따리씩 싸 주면서 사례를 하였다. 그래서 한동안 반찬거리는 걱정 없을 정도였다.

슬슬 나는 시장을 벗어나 다른 곳으로 돌아다녔다.

하루는 갑자기 아침 일찍 약수터를 가게 되었다. 그런데 손자를 데리고 온 한 할머니를 보자 온몸에 알 수 없는 전율이 느껴졌다.

"할머니, 며느리 집 나갔죠?"

"아니, 그걸 어떻게 아슈? 우리 며느리랑 친구유? 지금 어디 있어요?"

"아니요, 며느리는 몰라요. 그런데 바람난 건 아니구 일주일 뒤에는 꼭 돌아와요. 걱정하지 마세요."

마치 나는 내가 그녀와 약속이라도 한 것처럼 할머니에게 그렇게 장담을 해버렸다. 그때 할머니의 심정은 지푸라기라도 잡고 싶은 심정이었던지 나에게 집을 가르쳐 달라고 하셨다. 나는 자신있게 집을 가르쳐 주고는 돌아왔다.

그로부터 일주일이 지난 후, 약수터에서 만난 그 할머니는 과일을 사들고 날 찾아왔다. 며느리가 돌아왔다는 것이다. 그 후로 그 할머니는 우리집 신도가 되어 지금도 왕래를 하고 있다. 물론 며느리도 마찬가지이다.

꼬리가 길면 밟힌다고, 나의 이러한 행적이 남편에게 들키고 말았다. 며칠을 앓아 누웠다가는 어느새 밖으로 나가 중얼거리며 다니는 내 행동 때문에 이미 동네에 미친 여자로 소문이 나 있던 터였다.

그리고 더러는 남편을 붙들고, '신이 내렸으니 굿을 해 주라'고 설득을 하는 사람들도 있었다. 하지만 독실한 기독교 집안의 남편이 굿을 할 리도 없지만, 더구나 무당이 된다는 것을 이해는커녕 신이 내렸다는 사실조차 믿지 않으려고 했다.

"행여 신받겠다고 굿할 생각말어. 그 순간 너 죽고 나 죽는 거야, 알았지?"

그런 소리를 듣고 들어온 남편의 한마디였다.

세상밖으로

　무당은 신과 교통하여 신의 의사를 인간에게 전하고, 또 인간의 의사나 소망을 신에게 고하는 영통한 존재이다. 나처럼 어느 날 신이 내려서 강신무가 된 모든 무당들은 한번씩 나와 같은 신병을 앓는다. 강신무는 반드시 신병이라는 신비한 병을 체험함으로써 영통력을 얻을 수 있는 것이다. 즉, 무당이 될 사람에게 신이 내리면 정신 이상 증후가 나타나게 되고, 신체적으로도 이상 질환이 나타나는데, 이 때 이 신체의 이상 증후는 어떤 약으로도 혹은 어떤 의학적 소견으로도 그 원인을 찾아내거나 잡을 수 없는 것이어서 오랜 시간을 고통 속에서 보내게 된다.
　무속학자들의 연구 결과에 의하면, 이러한 신병의 증후는 오로지 강신한 신을 받아서 무당이 되어야만 낫는다고 한다. 이것을 굳이 밝히는 이유는, 만일 지금이라도 그런 증후를 나타내고 있는 사람이라면 남녀노소를 막론하고 가까운 무당을 찾길 바라는 마음에서이다. 고통을 이기다 보면 다시 정상으로 돌아오겠거니 하는 마음은 빨리 버리는 것이 좋다는 것을 말해둔다. 한 번 강신한 신은 본인이 아무리 거부를 한다고 해도 더 심한 고통만을 안겨다 줄 뿐 결코 떠나지는 않는다. 그때부터 우리 같은 사람들은 운명을 선택할 권리를 강신한 신에게 저당 잡힌 인생이 되는 것이다.

무속을 연구하는 학자들의 일설에 의하면, 강신무가 되는 과정에서 반드시 거치게 되는 신병은 강신무가 영력을 소지할 수 있는 영력의 계기가 되는 것이며, 동시에 무당이 망아(忘我)상태에 빠져 영계로 몰입되어 가는 '엑스터시(ecstasy)'의 근원이 되는 것이라고 한다.

다시 말해서, 무의 신병은 신이 선택된 인간에게 내려 주는 계시적 체험이라고 볼 수 있다. 그런데 이 선택된 인간은 이와 같은 계시적 체험을 통해 의식구조가 완전히 바뀜으로써, 비범한 초월자가 되어 신의 추종자나 신격적 존재로 인식되게 된다는 것이다. 이러한 무속에서의 신병에는 꿈, 환상, 환청, 환성의 내용이 주로 신을 전제로 하고 있으며, 이 증상의 치료 방법 역시 신을 맞아 무당이 되어야만 낫는다. 바로 여기서 신병이 일종의 종교 체험이라고 할 수 있다는 것이다.

결국 이렇게 한번은 겪어야 할 신병을 일찍 느끼고 내림굿을 받게 되면 고통에서 좀더 일찍 벗어날 수 있지만, 그렇지 못하면 오랫동안 고통을 겪어야 함은 물론이고, 그 병은 어떤 약이나 의료적인 행위로도 고칠 수 없다.

그런 면에서 나는 신을 빨리 받지 않아 그 신병의 고통을 오랫동안 겪었던 쪽에 속한다. 그렇게 되기까지에는 여러 가지 이유가 있지만, 우선 가장 큰 이유는 남편이 독실한 기독교 집안의 아들이라는 것과 나 또한 모태신앙을 타고난 사람이라는 데 있었다. 더구나 그때만 해도 무당이라면 사회적으로 천시되었기 때문에 나 자신도 무당이 되느니 차라리 죽는 편이 훨씬 낫다고 믿었다. 나의 신끼는 날이 갈수록 그 정도를 더해가고 있었다. 나는 원미동 시장통에서는 이미 '미친년 쪽집게' 라는 별명으로 유명해져 있었다.

거기에다, 언제부턴가 부천역 광장에서 아예 신문지를 깔고 앉아 지나가는 사람들을 불러 앉혀 놓고 점을 봐 주기 시작해서부터는 '부천역 걸인도사' 라는 또 다른 이름을 얻게 되었다. 하루는 부천역 광장에 자리를 깔고 앉아 지나가던 중년부부를 불러 세웠다.

"아저씨, 아줌마. 이리 와보세요."

중년 부부는 의아해하며 내 앞에 섰다.

"아저씨, 아줌마. 고등학교 2학년짜리 아들이 집을 나갔죠?"

"아니, 그걸 댁이 어떻게 알아요? 오라, 그러고 보니 무당이로구나."

내 앞에 놓인 박카스 통에 돈이 쌓여 있는 것을 보더니 아주머니는 나를 신당 하나 없는 선무당쯤으로 알았나보다.

"아니에요. 나 무당 아니고, 그냥 알아서 얘기하는 거예요."

"그럼 우리 아들을 알아요?"

아저씨는 의아한 듯 물었다.

"아니요, 댁의 아들을 어떻게 알겠어요. 그런데 며칠 내로 아들이 돌아와요. 하지만 마음이 떠 있어서 또 나갈 거예요. 그러니 어디 용한데 가서 굿이라도 한번 해주세요. 그렇게 잡아 줘야 다시는 가출 같은 것을 하지 않아요."

한동안 황당한 표정으로 내 얼굴을 바라보던 두 중년 부부는 내가 사는 곳을 물었다. 나는 그들에게 내가 사는 곳을 가르쳐 주고는 다시 다른 사람을 불렀다.

"아저씨, 그 지하도로 가면 넘어져요. 그리 가지 말고 저리로 가서 횡단보도를 건너요. 지하로 내려가면 다리 다쳐서 고생하겠는데……."

나의 행동을 바라보던 두 부부는 가려다 말고 지갑에서 만 원짜리 한 장을 꺼내 내 앞에 있는 박카스 통에 넣어 주었다.

그때 나는 누가 갔다 놓았는지 모르지만 빈 박카스 통을 앞에 놓고, 원하거나 원하지 않거나 지나가는 사람들을 붙잡아 앉혀놓고 점을 봐 주었다. 그러면 더러 점을 봐 준 사람들이 천 원도 넣어주고 크게는 만 원도 넣어 주곤 했었다. 누가 보더라도 영락없이 거지였다. 그러나 당시 나에게는 돈을 벌 욕심보다 그저 그렇게 하지 않으면 몸져 눕게 되는 고통이 싫었다. 그래서 아침에 남편만 나가면 후다닥 신문지 두 장을 들고 부천역 광장으로 나가 한쪽구석에 쪼그리고 앉아 지나가는 사람들을 불러 놓고 점을 봐 주었던 것이다.

어느새 나는 부천역 앞에서 유명한 '쪽집게 걸인도사' 행세를 하고 있었다. 내가 그런 짓을 하고 다닌다는 사실을 남편이 알게 되면 불호령이 떨어질게 뻔했지만, 나는 어리석게도 그렇게 모인 돈을 들고 들어와 남편에게 보이곤 했었다. 당연히 남편은 '어디서 났느냐'고 캐물었고, 나는 그럴 때마다 난감해하면서도 또 며칠이 지나면 같은 행동을 반복하곤 했다.

아마도 그것은 신들이 자신들을 부정하는 남편을 일깨워 주기 위해서 일부러 나를 그렇게 만드는 것이었는지도 모른다.

그러던 어느 날, 나도 모르게 출근하는 남편에게 용돈을 주었다. 남편은 한동안 의아한 눈으로 나를 보았다.

"일도 못하면서 일한다고 애쓰면서 돌아다니지 말고 제발 집에서 가만히 좀 있어. 이런 돈 하나도 안 반가우니까……."

하더니 휭 나가버렸다. 내심 동네 사람들의 수군거림으로 어느 정도 눈치는 채고 있었지만, 애써 의식하지 않으려는 속셈이었다. 남편은 그렇게라도 내가 제정신으로 돌아와 주길 바랬다. 자신이 나의 행동을 무시해야 내가 신에 대한 미련을 버리고 제정신이 될 것이라고 생각하는 것 같았다. 아마도 남편은 내 스스로가 신을 찾았다고 믿는 모양이었다.

나는 아무소리도 하지 않고 남편이 출근만 하면 곧장 뒤따라가서 부천역에 자리를 펴고 앉았다. 그리고는 지나가는 사람들을 향해 한마디씩 불쑥불쑥 내뱉었다.

결국 나는 남편에게 역전에서 점을 봐 주고 있다는 것을 들키고 말았다.

"아이구, 아저씨, 아줌마 내림굿 해 줘요. 저대로 두었다가는 평생 저러고 살아요. 벌써 신이 다 들어왔던데 뭐."

"그게 무슨 소리예요? 신이 들어오다니요?"

내 행실을 지켜보던 주인집 아주머니는 보다 못해 어느 날 퇴근해서 돌아오는 남편에게 진심으로 걱정을 해 주었던 것이다. 안그래도 주위에서 내림굿 해 주지 않으면 저러다 죽는다는 소리까지 들었던 남편은 어이가 없었던지, 아주머니를 붙잡고 그 동안 내가 하고 다닌 일들에 대해 모두 듣게 되었다.

"몰랐어요? 요즘은 부천역에 아예 자리를 폈다니까요. 부천역 앞에서 쪽집게라고 소문이 짜아해요."

남편은 더 이상 물을 것도 없다는 듯이 달려 들어와 나를 붙들고 사실 여부를 다그쳤다.

"주인 아주머니 말이 맞아? 진짜 부천역 앞에 자리 폈어?"

"아니, 자리를 편 게 아니라 그러니까…… 그냥 신문지를 폈지. 그래도 돈만 잘 벌리던걸?"

나의 대답은 처음에는 두려움으로 얼버무리다가 어느새 실토를 하면서도 어느 정도 장난기가 깔려 있었다.

"뭐야? 그래도 난 시장통에서 헛소리하고 벌어오는 돈인 줄 알았다. 그래, 이젠 그것도 모자라 역 앞에 신문지를 깔아? 왜? 자리하나 사지 그래. 그 돈 벌어서 뭐하냐? 엉?"

남편의 목소리가 점점 커졌다. 그리고는 도대체 알 수 없는 일이라며 주먹으로 방바닥을 치더니 그 길로 나가 술이 곤드레가 되어서야 돌아왔다.

나는 다음날부터 방 안에 갇혔다. 남편은 커다란 자물쇠를 사다가 못을 치고 아침에 나갈 때는 밖으로 문을 잠갔다. 나는 방안에 갇혀 다시 온몸이 아파 몸부림을 쳐야만 했다. 그렇게 이삼 일을 앓고 난 나는 알 수 없는 힘에 이끌려 창문을 뜯고 밖으로 나갔다. 남자들도 뜯기 어려운 창문의 쇠창살을 나는 너무도 손쉽게 뜯고 밖으로 나갔다는 사실이 아직도 믿기지 않는다. 당시 나는 몸이 쇠약해질 대로 쇠약해져 168cm의 키에 40kg밖에 나가지 않았고, 누군가 톡 건드리기만 해도 힘없이 나가떨어질 형국이었다.

하루는 그렇게 돌아다니는 나를 붙들고 집으로 돌아온 남편이 나에게 눈물로 호소했다.

"여보, 제발 정신 좀 차려! 왜 그래? 다시 예전처럼 살 수 있을 거야. 이렇게 자꾸만 정신을 놓아버리면 어떻게 해? 응? 죽을 거야? 무당은 안돼. 차라리 죽으면 죽었지……."

남편은 나의 신병을 그저 갑자기 변해버린 현실에 적응하지 못해 나타내는 정신병쯤으로 치부해 버리고 싶었던 것이다. 그날로 나는 말을 잃었다. 그리고는 방 안에 틀어박혀 때로는 데굴데굴 구르며 고통을 호소하고 때로는 제정신으로 돌아와 나 자신을 경멸하면서 그렇게 지냈다.

불길한 예언

남편은 내게 신이 내렸다고 하는 주변사람들의 말을 들으려 하지 않았다. 만일 신이 내렸더라도 내림굿을 받아 무당이 되는 일이란 절대 안 된다는 것이 남편의 뜻이었다. 가끔 나의 신끼는 그렇듯 완고한 남편까지 깜짝 놀라게 하곤 했다. 지금 생각해보니 신은 남편에게 당신들에 대한 존재를 확인시켜 주려는 뜻이었던 것 같다.

어느 날, 남편의 출근 준비를 돕다가 갑자기 내 몸속에 동자영이 들어왔다.

"아빠, 오늘 집에 올 때 바나나랑 사탕 사다 주면 돈 이만큼 벌게 해줄게."

그러면서 나는 열손가락을 활짝 펼쳐 보였다. 머리를 말리려던 남편은 한참을 어처구니없는 표정으로 바라보았다.

"왜 그래? 장난하냐?"

남편은 웃어야 할지 말아야 할지를 몰라 그저 멍하니 나를 바라만 보고 있었다.

"진짜야. 오늘 저녁에 바나나랑 사탕 꼭 사다 준다고 약속해야 오늘 돈 이만큼 벌게 해 준다니까……."

멀거니 나를 바라보던 남편이 피식 웃더니 다시 드라이를 윙윙거리며 머리를 말리고 있었다. 남편이 어이없어 할 수밖에 없었던 것이, 그때 내 목소리는 영락없는 어린아이 목소리를 내고 있었다. 게다가 철없는 어린아이의 몸짓으로 떼를 쓰듯 어리광을 부리고 있었던 것이다.

"아빠아……."

"저리 못가? 이게 뭐하는 짓이야? 왜 그러니?"

드디어 남편이 화를 냈다.

"정말이야. 안 그러면 돈도 못 벌고 나쁜 일만 생길 거야"

"야! 너 도대체 왜 그래? 이게 뭐하는 짓이냐고? 밖으로 나가다못해 나한테까지 이러는 거야? 그러면 남들한테처럼 뭘 좀 맞춰보지 왜 나한테는 뭘 사다 달라고만 그러냐?"

그때 이상한 일이 생겼다. 동자영이 냉큼 남편의 머리 위에 올라앉는 것이 아닌가? 잠깐 사이의 일이었는데, 나는 잠시 내 눈을 의심하면서 아무 말 없이 지켜보고만 있었다. 남편은 그런 내 모습을 보면서 '할말이 없지?' 하면서 다시 머리를 말리고 있었다.

"에이, 왜 이래? 아침부터 이상한 짓 하더니만……."

늘상 잘만 세워지던 남편의 머리는 드라이로 아무리 세우려 해도 세워지지 않았다. 동자영이 머리 위에 앉았는데 그 머리가 세워질 리 없었다. 남편은 아침부터 내가 이상한 짓을 했기 때문에 이런 일이 벌어지는 것이라고 짜증을 내면서 대충 머리를 말리고는 옷을 입었다.

"왜 그렇게 조용해? 미안해 할 것 없어 그럴 수도 있지 뭐. 그렇게 바나나가 먹고 싶냐?"

 남편은 말없이 서서 말끄러미 자신을 바라보고 있는 나를 향해 아침부터 너무 심하게 핀잔을 주었다고 생각했는지 금세 부드러운 억양으로 달랬다.

 그러나 내 눈에만 보이는 동자영이 갑자기 덥썩 방문 앞에 엎드려 있는 것이 보였기 때문에 남편의 말은 귓가에서만 웅웅거렸다.

 "꽈다탕……."

 남편은 그만 동자영의 발에 걸려 방에서 마당까지 심하게 구르며 넘어졌다. 벌떡 일어나 뭔가를 걷어차며 화를 내려던 남편은 나를 물끄러미 쳐다보았다.

 나는 입이 떨어지지 않았다. 그래서 어디가 얼마나 다쳤느냐고 물을 수도 없었다. 그런 나를 보고 남편은

 "바나나 사올게……."

그러고는 나갔다.

 남편이 나가자 나는 정신이 돌아온 듯 말문도 열렸다. 그리고는 조금 전에 생겼던 일들을 회상하면서 정신이 아득해졌다. 이제는 살다살다 별 일이 다 있구나 싶었다.

 그날 저녁, 남편은 바나나와 사탕을 한아름 사가지고 돌아왔다. 그리고 모처럼 매상이 10만 원 이상 올랐다고 즐거워했다.

 이처럼 동자신의 짓궂은 장난으로 나와 남편은 한동안 골탕을 먹기가 일쑤였다. 신을 받은 후에도 동자신은 가끔씩 장난기를 발휘해 우리 부부를 깜빡 속이곤 한다.

 어느 날에는 남편이 잠든 밤에 일어나 조용조용 방 안의 가구들을 옮겨 놓는가 하면, 어떤 날에는 집에 들어서는 남편의 지갑 속에 돈이

얼마나 들어 있는지를 맞추곤 했다.

 그런 나를 바라보는 남편의 눈은 그저 '언제나 멈춰 줄려나' 하는 눈치였지, 신이라는 존재를 믿지 않는 것 같았다. 남편이 우연이라고 여기는 그 같은 나의 신끼는 어느 날 드디어 남편의 손찌검으로 이어졌다.

 한참 저녁상을 차리고 있는데, 남편이 씻다 말고,

 "거 강꼰대 있잖아? 드디어 그렇게 벼르던 집을 샀다지 뭐야. 잘 됐지?"

라고 말했다. 강꼰대라면 남편의 친구 중에서도 깐깐하기로 유명한 사람이었다. 독실한 기독교 신자에다가 검소하고 철두철미한 성격의 소유자라 남편 친구들은 그를 강꼰대라고 불러 왔었다.

 결혼 생활 10년이 넘도록 집 한 칸 장만하지 못했다고 안달이던 그 사람이 집을 장만했다고 하는 일은 모두가 기뻐해 줘야 할 뉴스였다.

 "그럼 뭐해. 그 집 잘못 사서 금방 죽을 텐데……."

 나도 모르게 내뱉은 말이었지만 나 자신도 놀라고 있었다. 씻다말고 한참을 놀란 얼굴로 나를 쳐다보던 남편은 '병이 또 도졌군' 하는 표정으로 고개를 돌려버렸다.

 "말 함부로 하지마. 그 친구가 얼마나 오랜 세월 셋방을 전전하며 고생했는데 그래?"

 "두고 봐요 내 말이 틀리나……. 그 집이 잘못된 집이라 죽는다고. 얼른 어디 가서 풀어야지……."

 "보자보자 하니까 못하는 말이 없구만? 왜 그래? 또 병 도졌냐? 엉? 아무리 사돈이 땅을 사면 배가 아픈 세상이라지만 아무리 없어도 너하고 나하고는 그러고 살지 말자. 그리고 다른 말도 있는데, 죽는다는 말이 가당키나 한 얘기야? 젊디젊은 사람을 보고 그게 무슨 망발이야?"

남편은 화를 내면서도 이젠 지병처럼 되어 버린 내 입방정 탓이겠거니 하고 그저 넘어가려고 했다.

나는 잠시 입을 다물었다. 더 얘기 하다가는 아무래도 오늘을 무사히 넘길 수 있을 것 같지가 않았다.

밤이 되도록 나는 말을 한 마디도 하지 않았다. 입을 열면 또 그 소리가 나올 것 같았기 때문이었다. 밤에 나는 남편이 잠든 것을 확인하고 남편의 수첩을 꺼내 들고 밖으로 나왔다. 그 사람의 집 전화번호를 알기 위해서였다. 아무리 참으려고 해도 그 집에 전화를 걸어 예방책을 말해 주어야 할 것 같았다.

다음 날 아침, 나는 남편을 출근시키고 서둘러 그 집에 전화를 걸었다.

"어머, 안녕하세요?"

평소 안면이 있던 그의 부인은 이제 세상이라도 얻은 양 평안한 목소리로 별로 친하지도 않은 나의 전화를 반가이 받았다.

"저, 집 사셨다죠?"

"네, 벌써 소문이 났군요. 싼값에 나온 게 있어서……."

"그런데 그 집 때문에 아저씨가 죽어요. 미안해요. 축하해야 할 일에 이런 말을 하게 돼서…… 그러니 어디 점쟁이한테 가서 물어보시고 그거 풀어야 해요. 시간이 급하니까 어서 하세요. 그 집의 액을 풀어야 해요……."

"뭐라구요? 아니, 당신 도대체 뭐하는 여자야? 아무리 사업이 망해서 거지꼴이 되었더라도 우리가 집 좀 산 게 그렇게 배가 아파? 그리고 아무리 그래도 그렇지, 뭐라구? 내 남편이 죽는다구? 아니 뭐 이런 여자가 다 있어?"

전화를 끊고 나니 속은 후련했다. 그러나 한편으로 저녁에 무슨 일이 없을까 하는 걱정도 들었다. 만일 그 기세라면 그 여자가 남편에게 얘기를 안 할리 없었기 때문이다.

아니나 다를까. 남편은 얼굴이 벌개져서 집에 돌아왔다. 쭈뼛거리는 나에게 방으로 들어오라고 소리를 지른 후, 남편은 아침에 한 짓이 사실이냐고 다그쳤다.

말이 채 끝나기 전에 내 눈에선 불이 번쩍했다. 그렇게 온 동네를 돌아다니면서 망신살을 뻗치고 다녀도 그저 소리만 지를 뿐 손찌검이라고는 모르던 남편이 화가 나도 단단히 났구나 싶었다.

"너 이제 완전히 돈 거 아니야? 그게 무슨 짓이야? 동네 망신도 모자라서 아니 그래, 남편 친구 의도 끊어놓으려고 그러는 거야, 뭐야? 말 좀 해봐라. 왜 그래? 도무지 모르겠네. 밥을 굶기냐? 헐벗겨? 언젠가 이러다 보면 예전처럼 살날이 있을 거야. 살다보면 망하기도 하고 다시 일어나기도 하는데, 넌 왜 그렇게 심약해? 이건 다 니가 고생이라고는 모르고 자라나서 그래. 늬 부모가 잘못 키웠다구!"

화를 내다가 분이 풀리지 않았던지 남편은 날 금지옥엽으로 키우신 우리 친정 부모까지 싸잡아 원망했다.

나는 다시 한 마디의 말도 하지 않고 며칠을 조용히 지냈다. 그런데 문제는 그가 내 예언대로 아프기 시작했다는 것이다. 남편은 지나가는 말처럼 그가 입원을 했는데, 도무지 병원에서도 특별히 병명을 찾아내지 못하고 있다고 했다. 순간 내 머리 속에서는 '죽었다' 라는 예감이 스쳐지나갔다. 하지만 이 시점에서 더 이상의 방법은 없었다. 말을 해 준다 해도 예방책도 없었고 막을 수도 없었다.

그리고 며칠 뒤, 그가 죽었다는 소식을 남편으로부터 전해 듣고 나는 밤새 눈이 퉁퉁 붓도록 울었다. 물론 누군가의 앞날을 예언해서 불행을 피해가게 할 수만 있다면 얼마나 좋겠는가? 그러나 이제까지 나는 죽어야 할 누군가를 한 번도 살려내지 못했던 것이다. 알면서도 그들에게 아무 도움이 되지 못한다는 사실이 나를 힘들게 했다.

그런데 그렇게 세상을 떠난 남편 친구가 어느 날 꿈에 나타났다. 꿈 속에서 난 어느 골목길을 걸어가고 있었는데, 웬 남자가 처마 밑에 쭈그리고 앉아 있었다. 그는 나에게로 다가서더니,

"내가 바로 그 강꾼대요."

하는 것이었다. 그때 우연히 바라본 그의 표정이 너무도 처량했다. 그래서 나는 잠결에 일어나 엉엉 소리 내어 울었다. 꿈 얘기를 하며 우는 나를 남편은 처음으로 따뜻하게 품에 안아 주었다.

나는 신을 받은 후, 늘 사월 초파일이 되면 절을 찾아가 그 사람의 등을 달아 주면서 극락왕생을 빌어 주곤 한다.

그 사건이 있은 후부터 남편은 서서히 나에게,

"그 사람 지금 뭐하고 있는지 알아맞혀 봐"

라든가 아니면,

"지금 내가 뭘 하려고 했는지 알아맞혀 봐."

라는 등의 시험을 하고는 했다.

그러나 나는 그 이후, 한동안 입이 붙었냐는 소리를 들을 정도로 입을 꼭 다물고 살아갔다. 나의 말 한 마디 한 마디가 저주와도 같았기 때문이었다.

그 뒤, 며칠을 앓아누웠다가 벌떡 일어나 하루 종일 중얼거리며 동

네를 쏘다녔다. 그리고 또 며칠이고 말을 한 마디도 못하고 시름시름 거리기도 했다. 나의 신병은 최악의 상태를 달리고 있었다.

새로운 시작

　신끼가 발동하기 시작하면서 나는 밤마다 꿈속에서 머리가 하얀 할아버지를 만났다. 그분은 자꾸만 나에게 신 받기를 종용하셨다. 어떤 때에는 눈을 뜨고 있어도 나타나, '너 그렇게 안 받고 있으면 죽는다.'며 신을 받으라고 했다.
　모태 신앙을 받고 태어나 비록 교회 나가는 일이 죽는 일보다 싫었던 나였지만, 그래도 무당이 된다는 일은 감히 생각도 할 수 없는 일이었다. 더구나 남편의 집안도 기독교 집안이기 때문에 남편의 반대는 더욱 심했다.
　집안에 갇히면서 말문을 닫았던 나는, 어느 날인가부터 종이에 뭔가를 끄적거리곤 했다. 그러던 어느 날, 남편에게 색연필과 노트를 사다 달라고 종이에 써 주었다. 남편은 어이가 없는지,
　"그건 뭐하게?"
라고 물었다.

나는 할아버지가 그림을 그리라고 했다면서 자꾸만 사다 달라고 했다. 이미 벙어리가 되어 말도 못하고 있던 처지였음에도 남편은,
　"웃기는 소리 작작해. 할아버지는 누구네 할아버지를 말하는 것이냐? 이젠 완전히 돌았구나."
라고 소리를 지르더니 밖으로 나가 버렸다. 그러나 나는 어느새 동네 어귀의 문구점을 향해 달음질 치기 시작했다. 문구점 안으로 들어간 나는 아무 죄의식도 없이 노트와 색연필을 들었다. 그리고는 유유히 밖으로 나왔다.
　"아니, 이것봐요! 물건을 샀으면 돈을 주고 가야지!"
　문구점 주인은 당당하게 맡겨두었던 물건이라도 되는 양 노트와 색연필을 들고 나가는 나를 붙잡았다. 그러나 나는 아무 말도 없이 그저 그의 손아귀에서 벗어나려고만 했다. 처음에야 그저 어이가 없었겠지만, 시간이 흐르자 문구점 주인은 화가 머리끝까지 치미는 모양이었다.
　"아니, 이 여자가 미쳤나? 야! 노트랑 색연필 집어 들고 돈을 안내겠다는 건 또 뭐야? 그럼 물건이라도 내놓고 가야지. 돈이 없으면 물건을 사지 말던가……."
　그러나 나는 노트와 색연필을 빼앗기지 않으려고 안간힘을 썼다. 주인은 안 되겠는지 나를 한대 때렸다. 그래도 나는 노트와 색연필을 필사적으로 움켜쥐었다.
　"이거 완전히 미쳤구먼. 야! 돈을 안내려면 물건이라도 주고 가야지……. 얼굴은 반반하게 생겨 가지고 왜 남의 물건을 훔쳐?"
　흥분한 가게 주인은 평소 감정이라도 있었던 듯 사람들에게 들으라는 듯 소리 소리를 질러대며 나를 걷어차고 때렸다.

만일 그때, 남편이 지나가지 않았다면 아마도 나는 맞은 매 때문에라도 어딘가 못쓰게 됐을지도 모른다.

"아무리 그래도 그렇지, 이렇게 사람을 패는 일이 법치국가에서 말이나 되는 얘기예요? 미친년은 사람도 아니랍니까? 경찰서로 가서 얘기해 볼까요?"

남편은 피투성이가 된 채 노트와 색연필을 쥐고 오들오들 떨고 있는 내가 가여웠는지, 오히려 분을 못 참아 주인을 고발하겠다고 나섰다. 그렇게 기세가 등등하던 문구점 주인은 경찰이라는 말에 힘을 빼고 남편에게 사과를 하기 시작했다.

"내일 병원에 데려가서 진단서 끊어 놓을 테니 후유증 있으면 그땐 알아서 하쇼!"

문구점 주인의 억센 손아귀에서 벗어난 나는 그 길로 집으로 뛰어와 방바닥에 배를 깔고 엎드려 뭔가를 그렸다. 지금 생각해 보면 그것이 바로 부적이었던 것이다.

남편은 나의 행동을 보더니,

"너 차라리 나가서 쥐도 새도 모르게 죽어라……."

며 고개를 돌렸다.

나는 꼭 남편의 말 때문이 아니어도 정신만 들면 죽어야겠다고 생각을 하고 있던 터였다. 나라고 해서 내가 하는 일들이 다 마음에 들리도 만무였고, 나 역시 자제되지 않는 내 행동들을 경멸했다. 그즈음 나는 동네 사람들이 말한 대로 점이라도 한번 봐야겠다고 마음먹고 있었다.

"무불통신이로구먼."

나를 보자마자 무당은 점상을 물리면서 그렇게 말했다.

"그게 뭐예요?"

"그건 내림굿을 안 했어도 이미 무의 예언과 병을 치유하는 능력과 굿을 할 수 있는 능력을 갖게 됐다는 얘기야."

그러더니 점상을 아예 내 앞으로 놓고 자신에 대한 점을 쳐보라고 했다. 뭘 어떻게 해야 하는지도 모르던 나는,

"아줌마, 관재수가 있어요. 큰 거 한 장 받을 거 있죠?"

라고 말했다.

"그래, 받을 수 있을 것 같수?"

"받기 어렵대요."

이미 그 돈은 소송 중에 일심 패소가 된 상태였다.

그때 그 무녀는 더 이상 할 것도 없으니 집에 가서 초 하나 켜고 향 피우고 마음대로 손님을 받으라고 말했다. 집으로 돌아온 나는 밥상에 옥수를 떠놓고 초를 켰다. 두 손을 모은 채 앉아 있는데, 손이 달달 떨리면서 입으로는,

"나는 사명대사다, 나는 사명대사다……."

하고 저절로 공수가 내리고 있었다.

그런 내가 무서웠다. 결국 내림굿을 해서 무녀가 되느니 아예 죽는 것이 낫겠다는 생각이 들었다. 이젠 더 이상 누구에게 물을 것도 없고 나 한목숨 죽으면 고통도 사라지고 무당이 될 일도 없으니 가장 적절한 방법이라고 생각했다.

나는 그 날 이후로 네 번의 자살기도를 했었다.

그날, 나는 옥수를 떠놓았던 상을 물리고 문을 꼭꼭 잠그고는 부엌의 가스를 틀어 놓았다. 남편은 아직도 여섯 시간은 지나야 들어올 것이다. 더구나 부부가 맞벌이를 하는 주인집엔 아이들만 있었다. 나는

가스를 틀어 놓은 채 자리를 펴고 누웠다.

"아가, 나는 네 할아버지 사명대사다. 어서 서둘러 신을 받거라. 그러면 나는 네게 돈도 주고 명예도 줄 테니 어서 그렇게 해라……."

소스라치게 놀라 눈을 떠보니 병원이었다. 남편은 초췌한 얼굴로 나를 보며 희미하게 웃었다.

"살아난 것이 기적이란다. 뇌에 이상이 왔을지도 모른다고 하는데, 나는 그 소리를 들으니까 아무리 죽으라고 했지만 얼마나 후회를 했는지 알어? 죽거나 아프게 되면 평생을 당신 위해 살아간다고 약속 했어……."

그러나 나는 죽지 않고 살아난 바로 그 순간에도 죽는 방법을 생각하고 있었다.

퇴원을 한 후, 나는 이·미용 재료상에서 이발소에서 쓰는 재래식 면도칼을 사가지고 틈이 나는 대로 숫돌에 갈았다. 준비가 끝난 나는 비장한 각오로 남편이 출근하기만을 기다렸다.

남편이 출근을 한 후, 방문을 걸어 잠그고 커다란 함지에 물을 받아 놓고 칼로 왼쪽 팔목을 힘껏 그었다. 피가 천장으로 솟았다. 얼른 함지에 손을 담갔다. 얼마나 시간이 지났을까? 나는 의식을 잃었다.

"애야, 왜 헛수고를 하면서 몸을 망치느냐? 소용없는 짓이다. 신을 받아라……."

놀라 깨어보니 병원이었다. 이번에는 주인집 아주머니가 몸이 안 좋아 조퇴를 하고 집으로 들어오다가 우연히 방문 밖으로 새어나오는 피를 보고 구해낸 것이다.

그런데 더욱 신기한 일은 피가 펑펑 솟을 정도로 깊게 끊었던 동맥이 저절로 붙어 있었던 것이다. 물이 담긴 함지에 넣었던 팔은 불어서

새로운 시작 • 51

통통 부어있었는데, 신기하게도 저절로 동맥이 붙어 지혈이 된 상태였다. 병원에서도 고개를 갸웃거리면서 신기한 일이라고 했다.

다음에는 등산용 로프를 사서 산으로 갔다. 그리곤 후미진 곳에 있는 나무에 목을 맸다. 고통도 잠시, 황홀경에 빠지면서 세상이 온통 하얗다고 느꼈는데 깨어보니 병원이었다.

산책하던 사람이 뭔가 흰 것이 펄럭이는 것 같아 그 쪽을 가보니 여자가 나무에 목을 매 축 늘어져 있더란다. 그래서 병원으로 옮기려고 여자에게 손을 대니 줄이 툭 끊어졌다. 혀가 몇 자나 빠져 있던 그 여자는 아직도 숨을 쉬고 있었다. 그렇게 해서 나는 또 살아났다.

세 번의 자살 소동으로 남편은 하루하루를 긴장 속에서 살았다.

"제발 죽지마. 됐어. 이젠 됐어. 죽을 마음으로 정신 좀 붙잡으라고……"

그러나 나는 살아갈 의미가 없었다.

어느 정도 몸을 추스릴 수 있게 되자 나는 온 시내를 돌아다니며 약국마다 찾아가 수면제를 사 모으기 시작했다. 앉으나 서나 눈을 감으나 뜨나 나타나는 하얀 머리의 할아버지가,

"너 신 받아라. 그러면 먹고살게 해 주지. 몸도 편하게 해 줄 텐데 웬 고집이냐……"

며 나를 괴롭혔다.

나는 죽으면 죽었지 무당이 되기는 싫다고 말했다. 누군가 그 모양을 봤더라면 영락없이 미친 여편네로 보였을 것이다. 약이 70알정도 모였을 때, 나는 다시 산으로 올라갔다. 그리고는 약을 다 삼켜 버렸다. 가물가물 잠이 올 무렵, 나는 안간힘을 다해 등산용 로프로 나무에 목을 매었다.

그날 늦은 밤, 나는 남편과 동네사람들에 의해 발견되었다. 먼저처럼 나무에 대롱대롱 매달려 있었는데, 이미 죽은 목숨 같았다. 남편은 울부짖으면서 나를 업고 병원으로 뛰었다.

위 세척을 하는데, 약이 한 알도 녹지 않고 그대로 위 속에 남아있었다. 열두 시간은 족히 됐을 텐데도 약은 이제 막 삼킨 것처럼 그대로 남아 있었고, 목에는 그저 로프 자국만 났을 뿐 아무런 이상도 없었다.

그 후, 나는 죽지도 못하는 내 팔자를 비관하면서 스스로 정신을 놓아 버렸다. 그렇게 살아가는 일이 버거울 수가 없었다.

나는 물 한 모금도 마시지 못하고 49일을 앓아누웠다. 온 사지가 다 뒤틀리고 머리는 망치로 내리치듯 아팠다. 말은 한 마디도 하지 못했고, 더구나 물만 마셔도 토하는 바람에 나중에는 더 이상 올릴 것도 없었던지 검붉은 피가 올라왔다.

그렇게 방안을 벌벌 기어 다니면서 49일을 보내는데, 드디어 남편이 결정을 내렸다.

"사람은 살고 봐야겠으니 신을 받아라. 하지만 절대 무당은 안 된다. 너희 어머니도 그렇고 우리집도 다 줄초상난다……."

나 자신도 '죽지도 못하는 인생 이렇게 사느니 신을 받아야겠다' 고 생각을 하던 참이었다.

그러나 문제는 내림굿을 하려면 적어도 돈이 150만원은 있어야 하는데, 집안에는 돈은커녕 쌀도 떨어져가고 있었다. 그도 그럴 것이 자살소동에 물도 한 모금 못 넘기고 발작하듯 앓아누워 있는 나를 간호하느라 남편은 작게나마 하고 있던 가게문을 아예 닫았던 것이다.

하루는 남편이 어디서 50만 원을 구해왔다. 그러나 나머지 백만 원이 문제였다.

"아니, 세상에 이 지경이 되도록 그냥 있으면 어떻게 해? 진작 말을 하지……."

내 신통한 능력을 알고 자주 찾아오던 한 손님이 혀를 끌끌 차며 선뜻 백만 원을 빌려주었다. 그리하여 나는 드디어 내림굿을 받게 되었다.

그때가 내 나이 서른하고도 아홉이었다. 그 나이까지 참으로 기구하게 살아왔다. 그러나 막상 살겠다고 내림굿을 받으려는 내 처지가 그렇게 서러울 수가 없었다.

손가락 하나 옴쭉 달싹할 수 없을 정도로 탈진해버린 나는 급하게 내림굿을 받기 위해 아무 곳이나 무당집을 찾아갔다.

본디 내림굿을 주관하는 무당은 무의 사회에서 덕망 있는 유능한 무당이라야 한다. 그리고 내림굿을 해 준 무당을 스승으로 삼아 스승 무당이 굿하는 것을 따라다니며 조무 노릇을 하면서 굿을 완전히 익혀 독립할 때까지 무사를 배우게 된다.

그리고 이 스승 무당과 강신자 사이에는 내림굿을 해 준 것을 인연으로 무업(巫業)의 조직이 성립되어, 스승 무당을 신어머니, 강신자를 신딸 혹은 박수일 경우에는 신아들이라고 한다.

나에게는 신어머니가 없다. 워낙 급하게 내림굿을 받기도 했지만 이미 신이 올대로 다 와 있는 상태에서의 내림굿은 그저 내가 신을 인정한다는 의미였으므로 이렇다 할 신어머니를 두지 못했던 것이다.

나는 지금도 유능한 신어머니를 두지 못한 것이 한으로 남아있다. 만약 내게 신어머니가 있었다면 굿을 완전히 익히고 무사를 익힐 때까지 큰 도움이 되었을 터였기 때문이다. 엄격하게 따지자면 신병에 걸려 내림굿을 했다고 전부 무당이 되는 것은 아니다. 강신자의 재능에 따라 장차 큰무당이 되느냐, 아니면 선무당이나 조무 즉 조수무당으로 일생을 마치느냐 하는 것이 결정된다.

우선 무당이 되려면 암기력이 좋아야 한다. 왜냐하면 그래야 며칠이고 계속할 장편의 구송 서사물 무가를 외울 수 있기 때문이다. 이렇게 무가를 외우고 굿 절차를 배우는 학습 기간은 개인의 능력에 따라 차이가 있겠지만 대략 3년 정도가 걸린다. 그러나 나는 이 같은 일들을 혼자의 힘으로 했다. 일일이 이곳저곳을 쫓아다니면서 마치 취재를 하듯 열심히 메모도 하고 밤새워 무속에 관한 책을 읽으면서 올곧게 혼자 배웠다.

그렇게 내림굿을 받던 날, 서른아홉 해 동안 쌓아온 모든 것들을 버리고 새 인생을 시작하는 난 혼자였다. 그뿐 아니라 혹독한 시련과 상처로 점철된 그 긴 시간에 비해 내림굿을 받으러 가는 관악산까지의 길은 허망할 정도로 짧았다.

굿이 시작되었다. 굿이 진행되는 동안 온통 찢기고 멍든 만신창이의 몸을 이끌고 여기까지 왔다고 생각하니 가슴이 무너져 내렸다. 나는 눈물을 펑펑 쏟았다. 무슨 죄가 많아서 팔자에도 없는 내림굿이란 말인가 싶었다. 그러나 그것도 잠시, 팔도 들 수 없을 정도로 쇠약해 있던 내가 무복을 입자 껑충껑충 뛰면서 말문이 스스로 터졌다.

울던 울음이 저절로 그치고 껄껄 웃음이 나왔다. 그리고는 덩실덩실 춤을 추었다. 대학에서 전공했던 것이 한국무용이어서 인지 주위 사람들이 춤사위가 아름답다고 칭찬이 늘어졌다.

그러나 내 입에서는,

"양반이 어디 방정맞게 껑충껑충 뛰느냐."

는 말이 나왔다. 그 말이 입에서 나오자마자 춤사위는 더욱 점잖아졌다.

처음에는 나의 할아버지가 신장으로 들어왔다. 다음으로는 몸 주인 사명대사가 점잖게 공수를 주며 실렸다.

그날이 1988년 11월 15일, 그저 세상 편안하게만 살았던 내가 그다지도 외롭고 고독한 길인 무녀 심진송으로 다시 태어나던 날이었다.

나랏무당이 되거라

　무속에서는 엑스터시(ecstasy) 상태에서 특정한 신을 직접 만나 그 신의 능력을 체험하고 내림굿을 받으면, 그 후에는 체험한 신을 몸주라 하여 구체적으로 표현하며 봉안을 한다.
　이렇듯 무속에서 어떤 신을 어떻게 보고 어떤 형태로 믿고 있느냐 하는 신관의 문제는 곧 무속의 본질적인 문제와 관계가 있다. 그리고 무속이 고대로부터 오늘에 이르기까지 강한 종교적 심성으로 민중 속에 자리 잡고 있는 점으로 미루어, 무속의 신관은 그것이 곧 민중의 재래 신관 내지는 종교관과도 관계가 깊다고 한다. 이러한 무속의 신앙 대상신으로는 굿 제의의 주제신, 무신도로 봉안된 신, 동제신당의 제신, 가신 등이 있다.
　무속연구가 김태곤 선생에 의하면, 무신은 명칭상의 종류로 보면 73여 종에 달하고 있지만, 다시 계통상으로 분류하면 자연신이 22계통, 인신이 11계통, 그 밖의 신이 하나로 총 34계통이라고 한다. 그리고 무신의 계통별 비율 순위를 보면 자연신 계통의 경우, 인간의 생활상과 가장 밀접한 자연물인 땅, 물, 산 하늘의 순위가 되는데, 인신의 경우에는 장군신, 왕신, 불교신, 도교신, 무조신의 순위가 되어 종교적 인물보다 영웅이 더 많은 신앙의 대상이 되고 있음을 알 수 있다.

형태적인 면에서 볼 때, 무속의 신관이라 함은 다신적 자연신관으로 볼 수 있는 것이다.

이렇듯 신앙 대상이 자연신과 인신의 두 계통으로 대별되고 이들 신은 대체로 인격을 갖추고 나타나지만, 자연신의 경우에는 애니미즘(animism) 단계의 사고가 작용하는 경우도 있다. 그러나 이들 무신은 인간에게 어떤 이성적인 계시를 통하여 그 능력을 인도하고 행사한다기보다는 무서운 벌로써 신의 의사를 전달하고 있기 때문에 비록 인간을 수호해 주는 선신일지라도 늘 두려움의 대상이 된다는 것이다.

이것은 굿을 하는 집주인이 부정해서 화를 입었다든지, 부정한 몸으로 성역에 들어갔다가 급사를 하였다든지, 제를 잘못 지내서 산이 덧났다든지 하는 것을 보면 설명이 가능한 것이다. 그러나 이러한 신에 대한 두려움이나 공포감은 신성의 극치에서 일어날 수 있는 종교적 공포의 극한 현상이라고 볼 수 있다.

그렇다면 이들 신은 인간에게 무엇을 해 주는 것일까? 많은 사람들은 이 부분을 궁금해 할 것이다.

우리 무속인들은 신이 해 주는 일에 대해 포괄적인 의미를 부여하고 있다. 즉, 인간의 생과 사, 흥과 망, 화와 복, 질병 등의 운명 일체가 신의 의사에 따르는 것이라는 것이다.

이런 학술적인 부분까지 언급을 한 이유는 일반인들이 무당집을 찾았을 때, 어떤 신들이 내려 있다고 하면 그 부분에 대해 확연한 믿음을 가지지 않는 것이 대부분 이어서, 이제부터 나의 몸주이신 사명대사와 나와의 관계를 말하는 과정에 간단하게나마 이해를 돕기 위해서이다.

무당들이라면 반드시 몸주신이 있기 마련이다. 나의 몸주신은 바로 사명대사이다. 과연 나와 사명대사와의 관계는 무엇일까? 나도 이 부분에 대해 처음 신을 받고서는 많이 공부를 했다. 처음 나의 몸주신이 된 사명대사는 나에게,

"나는 너의 할아버지이며, 너는 나의 자손이니라……."

고 말씀하셨다. 나는 한민족이라면 누구든 할아버지의 자손이라고 생각했었다. 그러나 시간이 흐를수록 나는 갑자기 사명대사와 나와의 관계를 깊이 있게 알아보고 싶었다.

그러던 어느 날, 나는 사명대사의 성이 풍천 임씨라는 사실을 알게 되었고, 그 후부터는 사명대사가 나의 16대 외조부뻘이 된다는 사실을 알게 되었다.

나의 외가댁이 풍천 임씨였던 것이다.

사명대사는 지금의 경상남도 밀양의 괴나룻골에서 조선 중종39년인 1544년 10월 17일에 태어났다. 본관은 황해도 풍천 임씨이며, 속명은 응규였다. 그러나 그 뒤 속세를 떠나 입산수도 하니 절에서의 이름은 유정이고, 자는 이환이었다. 또 호는 사면, 혹은 송운이라고 한다.

우리가 언뜻 사명대사를 생각하면, 나라를 걱정하고 나라를 위해 많은 공적을 세운 명승이라는 사실이 먼저 떠오른다. 그런 사명대사가 내게 외증조부라는 사실은 내가 직접 족보를 통해서 확인을 하였다.

나는 사명대사가 나의 외조부뻘이 된다는 사실에 적잖이 감격을 하고 있었다.

내가 신을 처음 받을 때, 그분이 내게 하셨던 말씀이 떠오른다.

사명대사를 봉안할 때의 일이다. 사명대사는 나에게,
"아가, 너는 이제 그냥 무당이 되는 것이 아니다. 너는 나랏일을 하는 나랏무당이 될 것이다……"
라고 말씀하셨다.

혹자들은 나의 말에 무당이 무슨 나랏일을 하겠는가라고 생각하기도 하겠지만, 나는 나랏일이라고 해서 크게 보지 않는다. 꼭 정치를 하고 재벌이 되어야만 나랏일을 하는 것은 아니기 때문이다. 어떤 일을 하든지 나라를 사랑하는 일이라면, 그것이 작은 일 일지라도 나랏일이기 때문이다.

어쨌든 이러한 관계를 알고 난 후, 나는 몸주이신 사명대사를 할아버지라고 부른다.

신을 받고 얼마 되지 않아서였다. 신당을 열자마자 손님은 주체를 할 수 없을 정도로 많았다. 할아버지는 나에게 돈을 주셨던 것이다. 게다가 '쪽집게'라는 소리도 듣게 해 주었으니 명예도 준 셈이다. 무당에게 '쪽집게'라는 말보다 더한 명예가 어디 있겠는가? 신을 받자마자 나는 한 달도 안돼서 할아버지가 내게 약속했던 부분을 모두 받게 되었던 것이다.

경기도 부천에서는 물론이고, 아름아름으로 다른 지방에서도 손님들이 찾아오던 그야말로 '용한 무당' 소리를 듣던 90년 어느 날이었다.

바쁘던 중 시간이 남아 잠깐 신당에서 눈을 붙였다. 그런데 갑자기 할아버지가 나타나서 나를 깨우셨다.

"얘, 아가. 언제 내가 있는 밀양 표충사에 한번 다녀가려므나……."

깨어보니 꿈이었다. 나는 그저 꿈이겠거니 하다가 바쁜 일과에 쫓기다보니 잊고 있었다. 그런데 어느 날 또 꿈에 할아버지는 표충사를 다녀가라고 하셨다. 표충사가 어디에 있는지도 모르는 나에게 느닷없이 그곳을 다녀가라는 말씀에 아무 대꾸도 못하고 있었다.

"도대체 왜 표충사를 다녀가라는데 그러고 있는 것이냐?"

다음 날, 나는 또 같은 꿈을 꾸었는데, 할아버지께서 이번에는 화가 나신 목소리로 나를 꾸짖으셨다.

그러나 나는 하루에도 수십 명의 손님이 몰려오는 터에 그것을 무시하고 표충사에 다녀올 엄두를 못 내고 있는 형편이었다. 그런데 시댁에 일이 생겨 처음으로 남도길에 오르게 되었다.

시댁일을 보고 나는 남편과 해남 두륜산에 있는 대흥사를 다녀오기로 했다. 난생 처음으로 가는 남도길에 그래도 뭔가 남을 만한 곳을 다녀오고 싶었는데, 그곳이 이 지도의 땅끝 해남에 있는 두륜산의 대흥사였던 것이다.

그런데 대흥사의 일주문을 들어서면서부터 나는 오들오들 한기를 느꼈다. 눅눅하게 안개비가 내리고는 있었지만, 그래도 아침까지 멀쩡했었는데, 좀 이상하다는 느낌을 가졌다. 그때만 해도 나는 신들의 뜻이 나의 몸으로 전해지는 현상을 잘 읽지 못했다. 신들은 대개 내게 뭔가를 말하려고 할 때, 내 몸에 이상한 증상을 느끼게 하면서 당신의 그 뜻을 읽게 만들어 주신다. 그날 난 온몸이 덜덜 떨리는 게 몸살이 날 것만 같았다.

하지만 얼마나 단단히 맘먹고 찾아온 대흥사인가? 나는 떨리는 몸을 추스리며 두루 경내를 둘러보다 대웅전 앞에 이르러서 한 할아버지의 혼령과 마주했다.

"너는 지금 뭐하는 애냐? 밀양 표충사를 다녀가라고 그렇게 느이 할아버지가 말씀하셨건만, 여기는 왜 와 있는 게야? 다 생각이 있으셔서 다녀가라는데 그렇게 말을 듣지 않는 연유가 뭐냐? 그래가지고 어디 용한 무당소리 듣겠느냐? 큰 무당이 되려거든 신의 말씀을 들어 야지······."

그분은 자신이 서산대사라고 말씀하시고는, 그렇게 나를 혹독하게 꾸짖으셨다. 나는 갑자기 눈물이 핑 돌았다. 알 수 없는 서러움 같은 것이었다. 어린시절 절대 하면 안 된다는 어머니의 말씀을 거역하고 그 일을 해서 꾸짖음을 당했을 때와 같은 서러움이었다. 잘못은 알지만 나름대로 나에게도 변명할 여지가 있었다.

"밀양에 다녀가면 너에게 더 영험한 일이 있을 것이다······."

할아버지는 사라지셨지만, 나는 한참 동안 할아버지가 서 계셨던 자리를 바라보다가 남편을 찾아 당장 밀양 표충사로 가야겠다고 말했다. 남편은 '무슨 일이냐'고 물었지만 내가 경내에서 서산대사를 만났다고 한들 믿어 줄 남편도 아니고 해서 그저 갑자기 밀양에 가야겠으니 어서 차비를 하자고 서둘렀다.

아무리 무당이 된 나와 함께 살고 있는 남편이지만, 도무지 나를 믿으려고도 하지 않았고, 몰려드는 손님들을 오히려 의아해했다. 인간에게 신이 내린다는 사실에 대해 올곧게 믿어 줄 수 있는 사람이 몇이나 되겠는가마는, 남편도 역시 운명을 거역할 수는 없지만 그렇다고 그대로 받아들이기에는 너무 평범한 사람이었던 것이다.

물어 물어서 찾아간 밀양에서도 표충사는 한참 멀었다. 1천m가 넘는 험준한 산들이 즐비해 이른바 영남의 알프스로 통하는 산록에 위치한 표충사에 들어서니 갑자기 하늘로 붕 뜨는 듯한 기분이 들었다.

마치 육신은 땅을 밟고 있으나 정신과 혼은 하늘을 날아 전혀 다른 세계를 떠다니고 있는 듯한 기분이었다. 그 기분은 말로 형용 할 수 없을 정도로 황홀했고 표현이 어려울 정도로 가슴이 뿌듯했다. 몸이 점점 가벼워짐을 느끼면서 내가 가장 먼저 찾아본 곳은 사명대사 유품관이었다.

할아버지의 유품을 직접 눈으로 확인하면서 나는 마치 외갓집에나 온 것처럼 들떠 있었다. 그곳에서 나는 할아버지에 대해 자세히 알지 못했던 부분을 알게 되었고, 그것은 나 자신에게 더없는 자부심을 안겨 주기도 했다.

그렇게 표충사 경내를 돌면서 나는 내 몸안의 기가 충천하고 있음을 느꼈다. 이제부터는 뭔가를 할 수 있을 것 같았다. 그것의 실체는 보이지 않았지만, 그래도 나는 뭔지 모를 결심으로 마음을 단단히 다져 먹었다.

그 곳을 다녀온 후, 나의 신령의 세계는 더욱 맑아졌다. 신들의 말이 훨씬 잘 들렸으며, 신의 뜻이 어떤 것인지도 읽을 수 있을 정도가 되었다. 그것은 마치 갓난아이가 엄마와 아빠, 그리고 다른 사람들을 알아보기 시작할 때처럼 조금씩 진짜 무당이 되어 가는 것과 같은 것이었다.

그전까지만 해도 나는 영적인 리딩(reading)으로 어떤 개인이나 집안, 혹은 사회의 과거나 미래를 이야기하고 풀어 주기만 했었는데, 그곳을 다녀온 후에는 나에게 많은 세계가 열렸다.

그 후, 나는 무속인들의 모임인 대한승공경신연합회에 가입해 해마다 벌이는 '나랏굿'에 적극 참여해 왔다. 그 일은 나에게 많은 의미가 있는 일이기도 하지만, 그곳에 가입한 모든 무속인들 또한 비록 사회에서는 천시하는 무속인이지만, 뭔가 나라와 민족을 위해 할 수 있는 일이라면 어떤 일이든 가리지 않고 하겠다는 나름의 의지가 없이는 결코 모일 수 없는 단체였다.

　나는 그 단체를 통해 내가 하고자 하는 일, 그리고 해야만 할 일의 기초를 다지기 위해 노력하고 있었다. 할아버지께서 일러 주신대로 나는 남들의 눈에는 작아 보일지라도 뭔가 나로서는 큰일을 해야 했다. 그래서 지금까지 나는 신당에서 늘 밤 열두시가 되면 온 정성을 다해 나라의 안위를, 그리고 서민들의 안위를 기원한다. 그것만이 작으나마 신을 모시고 살아가는 내가 할 수 있는 일이기 때문이다.

내아들 동자신

　누구든 신을 받으면 주신을 제외하고도 여러 신들을 모시게 된다. 그 중에서 영험한 소리를 하는 신으로 동자영이 있다.
　물론 내게도 동자영이 있으며, 나의 동자영은 다른 사람과는 조금 다르다. 그 동자영은 바로 8개월 만에 내 곁을 떠나버린 내 아들이다.
　손님들이 신당에 들어서면 가장 먼저 나오는 신이 바로 동자신 이다. 그러나 요즘은 내 자신이 동자신을 컨트롤 할 수 있어서,
　"들어가, 할아버지께서 점보시잖아……."
하면 금세 들어가 버린다. 그것은 신들 사이에도 계층이 있어서 열 같은 것을 정해 놓기 때문이다. 어차피 말 그대로 해석해도 동자영은 신들의 서열 중에서 가장 어린 신이기 때문에 다른 어른들의 출현을 막고 나설 힘은 없다.
　그러나 어떤 때에는 동자신이 내려 영험한 소리를 할 때도 있다. 예를 들면, 외국인이 왔을 때 통역을 사이에 두고 있어도 저절로 내 입에

서 외국어가 나올 때가 있다. 그것은 내 실력이 아니라 동자신의 실력이기 때문에 나 자신도 제어할 수 없는 부분이기도 하다.

가끔 나는 이런 동자신의 장난기로 인해 남편과 불화를 일으키곤 하는데, 그것 또한 내 힘으로는 제어가 불가능한 일이기도 하다. 아무리 신이지만 동자는 동자인지 동자영은 장난이 말도 못하게 심하다.

지금 내 곁에는 많은 사람들이 나의 일을 도와주러 와 있다. 무사도 그렇지만, 내 일상은 누구의 도움 없이 혼자는 해결할 수 없는 일이기 때문에 더욱 그렇다.

또한 우리집에 드나드는 신도들에게도 동자신은 가끔 짓궂은 장난기를 발휘해 그들을 난처하게 만들곤 한다. 처음 신을 받았던 원미동 근처에 살고 있는 우리 신도 중에 한사람은, 내가 신을 받고 처음으로 첩을 떼어 준 것이 인연이 돼 자주 들러 내 일을 도와주곤 하는 이이다.

그녀는 한동안 남편과의 불화로 별거까지 하고 살았을 때 배운 술을 아직도 끊지 못하고 있는데, 가끔 신당에 앉아 있자면 동자영이 튀어나와 내게 그니가 뭘하고 다니는지 다 이야기를 해 줄 때가 있다.

"엄마, 진해이모 술 마시고 노래방 갔다. 근데 남자친구랑 갔어……."

그래서 다음날 아침 내가 전화를 걸어 물어보면 대개가 맞아떨어진다.

"에그, 목소리 다 죽어가는 것 보니까 어제 술 마셨구나. 노래방두 갔네…… 누구랑 갔어, p씨랑 갔지?"

"어머나, 어떻게 알았어요? 앉아서 천리를 내다본다니까……."

"어떻게 알긴 어떻게 알아? 동자신이 그랬지."

그러면 그녀는 사탕과 과자 등을 사 가지고 찾아와 신당에 절을 한다.

"동자신님, 제발 엄마한테 이르지 좀 마세요. 아셨죠?"

이런 일은 비단 신도들과의 사이에서만 벌어지는 것은 아니다. 가끔 남편과 나는 동자신의 장난으로 싸움을 하곤 한다.

원래 남편은 노는 것을 좋아한다. 심하게 말하면 주색잡기를 즐기는 편이다. 예전에는 그런 일로 자주 싸우기도 했지만, 내가 신을 받고는 그럴 일이 드물어졌다. 또 남편이 원래 성품이 여린 양반이어서 남의 꼬임에 잘 넘어가곤 하는 것이 그렇게 드러날 수도 있는 것이다.

어떨 때에는 굿을 하고 굿 돈을 받아서 몽땅 포커로 날려버린적도 있다. 노름은 할 줄도 모르던 양반이 굿돈을 들고 포커판에 들어간 이유도 알고 지내던 사람의 '한번 해보자' 는 꼬임에 넘어갔던 것이다.

"엄마, 아빠 지금 뭐하는지 알아?"

"볼일 보러 나가셨어. 일보고 계시겠지……."

"힝, 지금 컴컴한 데서 머리 길구 짧은 치마 입은 여자랑 뺑뺑이 돌구 있다 뭐."

춤을 춘다는 것을 동자신은 뺑뺑이라고 표현한다. 그렇게 얘기해도 내가 별 놀라는 기색을 보이지 않자 동자신은 다른 카드를 제시한다.

"지금, 춤추다가 어두운 데로 둘이 들어갔다."

"알았어, 고만해……."

남편이 귀가하자, 슬쩍 떠 보니 얼굴이 벌겋게 되어서 '어떻게 알았냐?' 며 싱긋이 웃는다.

무속인들은 반드시 산기도를 한다. 대개 자신이 다니는 산이나 아니면 특별한 경우에는 신령님이 일러 주시는 곳으로 산기도를 간다. 무속인들 마다 차이는 있지만, 나 같은 경우는 그때의 상황에 따라 최하 이틀에서 일 주일씩 산기도를 한다. 더러는 산 속에서 기도를 하는 것이기 때문에 남편이 동행을 해 주기도 하지만, 대개는 나 혼자 산기도를 떠난다. 그편이 훨씬 집중하기에 좋기 때문이다.

 무속인들이 산으로 기도를 다니는 이유는 산이라는 것이 위로는 하늘과 통하고 아래로는 세상과 연결되는 곳이기 때문이다. 하늘과 땅의 중간에 우뚝 선 산. 이 자리는 많은 의미를 내포하고 있다.

 '산이 깊으면 골도 깊다' 라는 말이 있듯이 산은 그 품이 한없이 아늑하고 깊다. 그렇듯 국토의 7할 이상이 산으로 이루어진 우리나라에는 일찍부터 산에 대한 믿음과 경배심이 강하게 뿌리내리고 있었다. 따라서 각 지방의 산마다 신비스러운 갖가지 전설이 얽혀 있으며, 그 마을을 지키는 산신에게 매년 정성으로 산제(山祭)를 들여왔다.

 산은 신으로서는 그가 강림하는 자리이고, 인간으로서는 강림하는 신을 만드는 자리이다. 즉, 하늘과 산의 정상이 하나의 축을 이루어 그 아래에 새로운 인간국가를 연다는 의미를 내포하고 있는 것이다. 학술적으로는 이 산을 '우주산' 또는 '세계산' 이라 하고, 그 축을 '우주축' 이라고 한다. 그 축과 산이 우주의 중심 또는 세계의 중심으로 믿어져야 할 필요성이 있기 때문이다. 이 '우주산' 은 인체 중 배꼽의 관념과 합치되는 것으로 보고 있다. 배꼽은 인체의 중심이자 생명력이 연결되어 탄생되는 곳으로, 우주의 천신과 배꼽인 산은 탯줄로 연결되어 새로운 시조를 낳게 되는 것이라 볼 수 있다.

 이러한 이유로라도 무속인들은 산기도를 중요시 여기고 있다. 물론 이론적인 문제를 배제하더라도 어차피 신과 가장 가깝게 교통하고 영험함을 직접 받을 수 있는 곳이 바로 산이기 때문에 무속인들은 산으로 올라가 산기도를 하는 것이다.

나는 대개 산기도를 하면 조금은 요란하다 싶게 하는 편이다. 계절에 관계없이 물 속으로 들어가 몸과 마음을 정갈하게 하는 의식을 한다. 나만의 의식이지만 일단 한겨울이라도 나는 얼음장을 깨고 들어가 한동안 머리까지 물 속에 잠긴다. 만일 그때가 여름이라면 괜찮겠지만, 겨울일 경우에는 물 밖으로 나오는 순간 살갗과 머리는 순식간에 얼어붙는다.

그리고 난 후, 나는 기도에 들어간다. 그렇게 기도를 하노라면 내 손에는 전기가 오르는데, 그 손을 이용하면 병도 고칠 수 있게 된다. 아마도 몸과 마음이 정갈한 상태여서 모든 기가 최고조를 띄게 되기 때문이 아닐까 싶다.

이런 나를 보시고 할아버지께서는,

"몸 조심해라. 네가 건강해야 내가 너와 함께 오래있지 않겠니. 너는 아직도 할 일이 많단다……."

라고 일러 주시지만 나는 그 기도법을 바꾸지 못하고 있다.

2년 전 겨울이었다. 산기도를 위하여 산으로 떠나는 내게 남편은 굳이 동행하겠다고 했지만, 나는 산기도가 얼마나 걸릴지 몰라 사양을 하고 나 혼자 산기도를 떠났었다.

얼음을 깨고 물 속으로 들어갔다가 나와서 얼음장 위에서 맨발로 기도를 드렸다. 그날따라 기도는 내 마음을 흡족하게 만들 만큼 잘 되었다. 그렇게 1박 2일을 보내고 집으로 돌아오는데 동자신이 씌었다.

"엄마, 집에 가서 싸우지마."

"으응, 걱정마. 산기도 잘하고 집에 가서 왜 싸워?"

"글쎄, 싸우지마. 알았지? 그러면 산기도 한 것 다 도로아미타불이 되는 거야. 엄마도 알고 있지?"

"알았어. 걱정하지마."

그러면서 집으로 들어섰는데, 안방 쪽에서 요란한 소리가 들렸다.

"야, 이년아! 무슨 소리를 하는 거야? 도대체 어디다가 전화를 함부로 하고 그래?"

남편은 한껏 격앙된 목소리로 누군가를 향해 욕설을 퍼붓고 있었다. 그래서 나는 무슨 일인가 싶어 신당의 수화기를 살며시 들었다.

남편은 전날 밤, 아가씨가 나오는 집에서 술을 마시고 전화 속의 주인공과 잠을 자게 되었는데, 만취된 남편을 재워두고 그 여자가 줄행랑을 쳤던 모양이었다. 그래서 남편은 다음 날 절대 서비스료를 줄 수 없다는 얘기를 주인측에 했고, 그 소리를 들은 여자가 흥분해서 남편에게 전화를 걸어온 모양이었다.

나는 대강의 이야기를 파악하고 나자, 갑자기 화가 치밀었다. 그래서 아무 생각 없이 수화기를 빼들고 안방문을 열고 곧바로 남편을 향해 수화기를 던졌다.

실컷 싸우다가 나는 그제야 제정신이 들어 문득 가슴에 허허로운 기운이 느껴졌다. 조금만 참았더라면 그렇게 어렵게 하고 돌아 온 산기도가 헛수고가 되지는 않았을 텐데 하는 생각에 갑자기 동자신의 말이 떠올랐다

"엄마, 집에 가서 절대 싸우지마……."

또 한번은 남편이 식은땀을 흘리기에 보약을 한 재 지어다가 달여 놓았다. 그런데 그날 동자신이 씌어서는,

"에이구, 뭐하러 그 보약을 아빠 먹일려고 그러냐? 차라리 엄마 나 먹어라."

하는 것이었다.
"그게 무슨 말이야? 아빠 몸이 허약해져서 보약 지은 건데……."
"보약 먹구 다른 데 가서 딴짓하라구 보약지어 먹이는 거야? 엄마나 먹으라니까 웬 고집이 그렇게도 세?"

알고 보니 남편이 다른 여자와 외도를 했던 것이다. 나는 그 사실을 알고 보약을 몽땅 쓰레기통에 버렸다. 물론 그러고 나서는 항상 후회를 하며 다시는 동자신의 말에 현혹되지 말아야 한다고 다짐을 한다. 그러면서도 나는 번번이 동자신의 장난기에 휘말리곤 한다. 아마도 아무리 신의 말씀을 전하는 영매로 살아가지만, 인간의 본성을 버리기에는 아직 수양이 덜 된 모양이다. 나는 그런 일이 생길 때마다 반성을 한다.

이렇듯 동자신으로 와 있는 나의 아들은 가끔 짓궂은 장난으로 우리 부부를, 혹은 다른 사람들을 놀라게 하거나 당혹스럽게 만들곤 한다. 그래도 나는 동자영을 사랑한다. 지금은 비록 만질 수도 안아 줄 수도 없지만, 어쨌든 그 동자영은 바로 내 아들 효원이기 때문이다.

그 아이가 살아 있다면 이것보다 더한 잔재미를 내게 주었을 테지만, 이러한 일들도 다 아들이 엄마에게 부릴 수 있는 재롱이 아닐까? 나는 언제나 신당에 들어서면 물색없이 쏙 나서는 동자영이 보이지 않으면 낮은 소리로 불러본다.

'아들아, 어디 있니? 무슨 일이 있는 거야? 왜 오늘은 장난을 치지 않지? 어서 나오렴.'

그러면서 가슴 저 밑바닥에서 울컥울컥 넘어오는 설움을 참을 수 없어서 혼자 앉아 울 때가 있다. 지금껏 살았으면 '학교 다녀왔습니다' 소리를 한 번이라도 들을 수 있었을 텐데……. 나는 단 한번만이라도 좋으니 내 아들이 문을 들어서면서 '학교 다녀왔습니다' 라고 우렁차게 지르는 소리를 듣고 싶다.

    하지만 이러한 내 마음을 아무리 신이라지만, 내 아들 효원이가 알 수 있을까? 그러나 몰라도 좋다. 이렇게라도 내 곁에 와 있는 효원이를 영으로나마 만날 수 있는 사실이 내게는 그래도 복이라는 위안으로 하루하루를 보내고 있기 때문이다.

2장...
떠나버린 내 사랑하는 아들

아픈 기억 속의 첫사랑

저마다 가파른 인생의 행로를 걸어왔다고 생각하는 대부분의 기성세대들은 이런 얘기들을 자주 한다.
"내가 살아온 얘기를 책으로 쓰면 열 권은 넘는다."
나 또한 내 사십 평생을 되돌아보면 신의 영매자로 살아갈 운명으로 인해 파란 많은 세월을 보내야 했다.
그중에 나를 가장 아프게 했던 일들이 바로 내가 사랑했던 사람들이 모두 내 곁을 떠나버렸다는 것이다.
누구나 사랑하는 사람을 잃게 되면 가슴 아파하는 것은 인지상정이다. 나 또한 내가 사랑하는 사람들을 잃었을 때에는 그저 망연자실 인생을 포기하고 싶었던 적이 있었다.
첫사랑.
첫사랑은 이루어지지 않는다고 했던가?
그리고 그것은 영원히 이루지 못한 아쉬움을 동반한 채 가슴 한 귀퉁이에 남아 아련한 아름다움으로 기억된다. 그 첫사랑을 생각하면 난 늘 처연하고도 그리운 심정이 되어 가슴 한쪽이 묵직하게 가라앉곤 한다.

인생을 어느 정도 살아낸 사람들에게 있어 첫사랑이란 어떤 의미를 가지는 것일까?

나의 이십대는 그가 있음으로 해서 아름다웠고, 그 많은 시간들은 오직 그만을 위해 존재해야 했다. 그리고 난 오직 그 한 사람만을 꿈꾸며 살았었다.

내가 그를 만난 것은 대학 2학년 때였다.

나는 서라벌예대 무용과를 다녔고, 키도 큰 편에 예쁘다는 소리를 많이 듣던 터라 나를 알고 있던 사람들은 모두 '부잣집으로 시집갈 것'이라고 말하곤 했었다.

대학 2학년이라고 하면 나에게 있어 아버지의 죽음을 떠올리지 않을 수 없다. 나를 어머니보다 더 살갑게 키워 주셨던 아버지의 갑작스런 죽음에 맞닥뜨린 나는 대학 2학년 때 휴학을 했었다.

아버지의 죽음은 나에게 있어 처음으로 삶 속에 복병처럼 존재하는 절망과 맞닥뜨리게 했다. 나는 복학 후, 그를 만나는 것으로 새로운 희망을 찾았다.

나이는 한 살 위였고, 국회의원집 외아들로 당시만 해도 유명한집안의 아들이었다.

친구의 소개로 알게 된 그는 처음부터 내게 적극적이었다. 아무리 대학을 2년여 다니다가 휴학을 했어도 당시에는 미팅이라는 것이 그리 흔한 일도 아니었고, 더구나 소개를 받는다는 일도 그렇게 쉽게 이루어질 수 없는 일이어서 나는 남자를 만나 본 경험이 없었다.

그런 나에게 그는 아버지를 잃은 상실감을 채워 줄 구원의 대상이었으며, 내게 처음으로 이성을 알게 해 주었다. 손을 잡는 일도 어쩌다 우연을 빙자해서 그가 나의 손을 잡아주었던 것이 전부였을 만큼 우리는 순수하고 깨끗한 관계를 유지하면서 졸업반을 맞았다.

그는 늘 휴일이 되면 등반하는 것을 좋아했다. 그저 취미라고 하기에는 지나치다 싶게 그의 등반은 거의 일상에 가까운 것이었다.

예의 그렇듯, 그와 나는 처음부터 결혼을 약속하고 만났던 사이는 아니었다. 그러나 시간이 흐르면서 그 집안과 우리 어머니의 접견도 있었고, 당연히 졸업 후에는 결혼하게 되는 것으로 알고 지냈었다.

"너는 마치 나를 만나기 위해 태어난 것 같지 않니? 나도 마찬가지이지만 말이야……."

그는 나를 황홀한 눈빛으로 바라보며 그런 말을 되뇌었다. 그의 말대로 우린 서로를 하늘이 맺어 준 짝이라고 믿고 있었다.

4학년 봄, 우리는 양가 어른들과 친지들을 모시고 성대한 약혼식을 치뤘다. 당시 어머니께서는 사업을 하고 계셨던 터라 하나밖에 없는 외동딸의 약혼식을 성대하게 치러 주고 싶어 하셨다. 게다가 어머님이 보시는 사윗감은 외동딸을 통째로 데려가도 손색이 없을 집안과 학벌과 용모를 갖추었기 때문에 전재산을 다 털어 놓더라도 아깝지 않았던 것이다.

그때만 해도 결혼은 그렇게 하는 것이라고 생각했다. 그렇게 만나서 그렇게 사귀다가 그렇게 결혼을 하고 사랑하면서 믿고 의지하면서 살아가는 것, 2세를 낳아 잘 기르는 것으로 결혼을 생각할 정도로 난 철부지였다.

나는 처음으로 만난 이성인 그를 향해 나의 모든 주파수를 맞추어 놓았다. 옷과 신발, 헤어스타일까지도 나는 그를 의식하지 않을 수 없게 되었던 것이다.

영화를 보아도 그와 함께가 아니면 안 되었고, 어디를 가도 그와 함께가 아니면 안 되었다. 그리고 나의 미래에 그는 늘 중심에 놓여있었고, 나 또한 그의 미래에 주인공이었다.

우리는 졸업과 동시에 결혼하기로 약속했다. 그리고는 함께 유학을 떠나기로 했다. 그는 경제학을 공부하고, 나는 무용을 계속해서 나중에 그는 정치인이 되고, 나는 무용학 교수가 되기로 했던 것이다.

우리의 미래는 그야말로 보랏빛 꿈처럼 아름다이 보였다. 세상에서 가장 큰 축복을 받은 듯한 행복감, 그것이 불행의 아픔을 더 견디기 어렵게 만들기 위한 악마의 미소였음을 우리는 아무도 알아채지 못했다.

그 즈음 나는 그의 등반에 동반자 역할을 하였다. 그의 등반 멤버들과 함께 산에 오르면 나는 산 아래에서 짐을 지키고 그들은 암벽등반을 하곤 했다.

그 해 겨울, 우리에게는 한국에서의 마지막 겨울이었다. 그는 마지막으로 설악산 등반을 계획하고 있었다. 나 또한 그를 따라 설악산에 갈 생각에 가슴이 한껏 부풀어 있었다.

그런데 등반을 위해 떠나기 이틀 전, 나는 갑작스레 감기몸살이 심해져 속을 끓이게 되었다.

"안되겠다. 설악산은 나중에 우리가 유학 갔다 돌아와서 꼭 한번 데려갈게. 집에서 몸조리나 잘 하고 있어. 괜히 나섰다가 큰병 되면 결혼식도 못하게 되는 거잖아. 얼마 남지도 않았는데……. 안그래?"

그는 병문안을 와서 그래도 굳이 따라나서겠다는 나를 그렇게 설득했다. 결혼이 몇 달 남지도 않은 상태에서 준비할 것도 많은데, 몸이라도 더 아파 덜컥 누워버리면 큰일이긴 했다. 워낙 몸이 약한 편이라 그 집에서도 그것을 가장 걱정했던 터였기 때문에 나는 아쉬웠지만 그의 말에 따를 수밖에 없었다.

설경이 아름다운 설악산을 내게 보여 주고 싶다던 그는 나를 남겨두고 한국에서의 마지막 등반을 위해 설악산으로 그렇게 떠났다. 그것이 그와의 마지막 순간이라고는 상상조차 할 수 없었다. 단지 이 며칠 동안의 이별 후에는 평생을 함께 할 수 있는 푸른 날들이 기다리고 있을 거라고 생각했다

"내가 돌아올 때 설악산에 사는 산신령이 타고 다니는 구름을 떼어 솜사탕 만들어다 줄게. 어때? 하늘에 별보다는 그게 훨씬 낫겠지? 잘 간직하고 있다가 네 무용 발표회 때 무대에 장식하면 되잖아. 아니면 좀 크게 떼어 올 테니 그것 타고 선녀무를 추든가……. 그리고 나 왔을 때는 이렇게 아파서 누워 있으면 혼난다. 알았지? 그러니까 밥 잘 먹고 약도 꼬박꼬박 챙겨 먹고, 옷 든든히 입어. 나 없는 사이 친구들이 꾀어낸다고 조르르 나다니지 말고. 어쩐지 불안한데, 나 없는 사이 다른 남자라도 만나는 건 아니겠지? 하하, 농담이야. 산 꼭대기에 올라가면 내가 크게 외칠 테니 설악산 쪽으로 귀 기울이고 있어"

"뭐라고? 뭐라고 외칠 건데?"

"나는 심진송을 영원히 사랑한다!"

그렇게 떠난 그는 산신령의 구름을 따다 주겠다는 그 약속을 지키지도 못하고 영원히 돌아올 수 없는 먼 길을 떠났다. 그저 그가 빨리 산바람 내를 풀풀 날리며 나타나 주기만을 기다렸던 나를 두고 그는 영원히 떠난 것이다.

한동안 나는 그러한 사실을 인정하려 들지 않았다. 아무리 말려도

나는 그를 찾아 설악산으로 가봐야 한다고 몸부림쳤고, 그가 어디에선가 불쑥 나타나 '놀랬지?' 하고 흰 이를 드러내고 웃으며 달려올 것만 같았다.

"혹시 아버님 어머님께서 마음이 변하신 거 아니에요? 제가 갑자기 마음에 들지 않아서 그를 숨겨 두신 거죠? 그래도 좋으니 한 번만 만나게 해 주세요. 만나서 얼굴 한 번만이라도 보게 해 주신다면 다시는 이렇게 조르지 않을게요."

나는 느닷없이 그의 집을 찾아가 안 그래도 자식 잃은 슬픔에 혼절 상태에 빠져 계신 그의 부모님께 이렇게 조르곤 하였다. 그의 부모님께서는 그런 나를 안타까이 여기셨는지 그저 나를 안고 소리 죽여 우셨다.

"정신 놓지 말거라. 절대 그래선 안 된다. 정신 놓지 말거라……."

그의 어머님은 계속해서 나의 등을 쓸어 내리시며 그렇게 되뇌었다. 나는 그의 집으로부터 일방적인 파혼 선고를 받고 혼절 상태에 빠져 버렸다. 그의 부모님들은 아직 어린 나의 장래를 생각해 그와의 파혼을 일방적으로 선고해 버리셨던 것이다.

그와 영혼 결혼식이라도 하게 해 달라고 조르고 있던 터였는데, 그것을 지켜보시던 그의 부모님께서 매정히 그런 처사를 내리신 것이었다.

나는 열흘이 넘도록 병원에서 혼수상태로 지냈다. 긴 잠을 자는 동안 나는 내내 그의 꿈만을 꾸었다.

어느 날, 자리에서 일어난 나는 대충 짐을 꾸려 그가 올랐던 설악산을 향해 떠났다. 도저히 그곳에 가보지 않고는 그의 죽음과 파혼을 받아들일 수가 없었기 때문이었다.

그렇게 나의 첫사랑은 나를 버리고 떠났다.

수채화 같은 사랑이여

 어느 날, 나는 이름도 알 수 없는 잡지 한 귀퉁이에서 강원도 깊은 산중에 살고 있다는 한 불구의 화가 사진을 보고 가슴이 덜컥 내려앉는 것을 느꼈다.
 재래식 집을 화실로 꾸민 볕이 잘 드는 아트리에 한켠에는 한 여인의 뒷모습이 그려진 커다란 그림이 있고, 그 곁에 잘 빚어진 적토색 항아리에 안개꽃과 프리지아를 한아름 꽂아 둔 사진이 실린 그 기사에 우연찮게 눈이 간 것은 거의 잊고 지냈던 한 슬픈 운명을 떠올리게 했다.
 속가와는 인연을 끊고 마치 선을 하는 자세로 오로지 산경을 그리며 살아간다는 풍경화가인 그의 기사는, 나의 이십여 년 전 기억의 갈피에 아프게 남아 있던 한 많은 낯익은 이름을 들추어 내게 했던 것이다.
 풍경화가인 그가 그린 유일무이한 한 여인의 뒷모습은 잔잔한 꽃무늬의 블라우스가 바람에 날려 유연한 주름을 만들어 내고 있는 모습까지 세세하게 표현하고 있었다. 더구나 포플린 질감이 느껴지는 펄럭이는 스커트 자락은 분명 떠나기 싫은 어딘가로 떠나는 이의 뒷모습이 분명했기에 더욱 나의 가슴을 아릿하게 만들었다.

그리고 딱 한 장밖에는 실리지 않은 그 화가의 사진은 나의 심장을 뚝 멎게 할 만큼 충격적이었다.

휠체어에 앉아 있는 초로의 그 화가는, 어느새 머리에 희끗희끗 서릿발 같은 새치가 보이고, 그의 뒤쪽으로 가냘픈 한 여인이 휠체어의 손잡이를 잡고 서서 인자하게 미소 짓고 있었다.

그 여인은 그 화가의 여동생으로 곧 함께 캐나다로 떠날 것이라는 내용의 기사였다. 우연히 보게 된 잡지의 한 귀퉁이에서 나는 힘들게 잊혀져간 또 하나의 슬픈 기억에 울어야 했다.

나는 첫사랑에 대한 기억을 놓지 않기 위해 자주 설악산을 찾았었다. 그리고 그 약한 다리로 설악산 대청봉을 올랐다.

내가 열두 살 연상의 그를 만난 것은 설악산 대청봉에서였다. 계속해서 설악의 풍경을 사진으로 담아내고 있던 그 사람은 그저 척 보아도 예술을 하는 사람으로 보였다.

"저, 아가씨. 이 사진 한 장만 찍어 줄래요?"

나는 망연히 산 아래를 바라보면서 그가 이 아래로 곤두박질 칠 때의 기분은 어땠을까, 하는 생각에 잠겨 있었다. 문득 한 남자의 바리톤 목소리에 고개를 들어보니 사진기를 내미는 그의 손이 그렇게 섬세하게 보일 수가 없었다.

"뭐라구요?"

"아, 이 자리에서 나를 한 장만 찍어 달라구요."

나는 무의식적으로 선 자리에서 그를 향해 셔터를 눌렀다.

"미안한데, 그렇게 대충 누르지 말고 나는 작게 나와도 좋으니까 뒷배경을 좀더 살려서, 자 거기 보면 작은 동그라미가 보일 거예요. 그 동그라미를 나한테 맞추지 말고 내 뒤에 있는 저 산에 맞춰서 눌러 줘요. 부탁합니다."

나는 어이가 없었다. 주위에는 카메라를 든 사람들도 많았고, 더구나 누군가에게 사진을 부탁하는 사람치고는 무척 까다롭게 주문을 한다고 생각했기 때문이었다.

나는 그가 시키는 대로 대충 셔터를 눌러 주곤 산을 내려오기 위해 발을 내딛었다.

"저, 혼자 왔나보군요……."

아까 그 남자였다. 내가 대꾸를 하지 않자 그는 다급한 목소리로,

"모델 해볼 생각 없어요?"

라고 분명한 어조로 말했다.

물끄러미 바라보는 나를 향해 웃지도 않고 그는 또박또박한 목소리로 다시,

"모델 해볼 생각 없냐구요?"

라고 물었다. 순간 나는 그가 한없이 푸근하게 느껴지면서 마치 돌아가신 아버지를 만난 것처럼 따스했다.

"할게요……."

나도 내가 왜 그런 대답을 했는지 알 수가 없었다. 하지만 나는 그와 이야기를 하고 싶었고, 그에게 내 시간을 나눠주고 싶다는 생각이 들었다.

그러나 그가 말한 모델은 사진 속의 모델이 아니라, 그림 속의 모델이었다. 그는 서울에 있는 대학을 목표로 입시를 준비하고 있는 몇몇

학생들을 개인지도 해 주면서 아트리에를 겸하여 쓰는 작은 방밖에 가진 것이 없는 가난한 화가였다.

나는 그 후 그의 아트리에에서 살다시피 하며 시간을 보냈다. 나 역시 대학 동창과 무용학원을 하고 있었지만, 무용학원에는 거의 신경 쓰지 않았다.

그는 고요한 호수와도 같았다. 늘 안정된 모습하며 단 한 번도 화를 내거나 당황하는 모습을 보이지 않던 그에게서 나는 언제나 아버지를 느끼고 있었다.

그리고 나는 그의 그림 그리는 뒷모습을 무척 좋아했다. 책을 읽다가 문득 고개 들어 그의 그림 그리는 뒷모습을 바라보고 있노라면, 파도마저 잠든 평온한 바다를 바라보고 있는 것처럼 느껴졌다.

"아저씨, 나 아저씨랑 결혼할래요."

"뭐라구? 나랑 결혼을 해? 나는 너보다 열두 살이나 많고, 느이 어머니께서 나한테 너를 시집보내실 것 같아?"

"우리 엄마는 상관없어요. 아저씨 생각이 어떤지 알고 싶어요."

"나야……. 나도 너를 사랑하고 있지만, 나는 너를 데려다가 고생밖에 주지 못할 거야. 더구나 너는 어려움도 모르고 자라서 아마 인내만 가지고는 이기지도 못할 거고……."

"그런 이유 말고는 없지요? 그럼 됐어요. 우리 결혼해요."

물론 어머니의 반대는 말할 나위도 없었다. 펄펄 뛰시는 어머니의 뜻대로 그때 결혼을 포기했더라면 그의 다리는 무사하지 않았을까?

어머니의 반대를 무릅쓰고 우리는 결혼을 이루어냈다. 드디어 어머니의 허락을 받아낸 것이다.

"사람 좋아하는 것은 하늘도 못 말린다더라……."

어머님은 드디어 이 짧은 한마디로 우리의 결혼을 승낙하셨다.

우리는 간소하게나마 약혼식을 올리기로 했다. 어머니께서는 결혼하면 곧장 프랑스로 유학을 떠나라고 말씀하셨다. 두 사람 학비쯤은 대 주실 능력이 있으시다는 것이었다.

나는 다시 희망을 가졌다. 유학을 가지 않고 창고 같은 그의 아트리에에서 그가 그림을 그리는 뒷모습만 보고 있어도 아무 부러울 것이 없을 것 같았다.

어느 봄날을 약혼식 날로 받아놓고, 그는 프랑스 유학을 위한 수속 등을 알아보러 다니느라 분주했다. 그러던 그가 어느 날 교통사고를 당했다. 그는 두 다리를 잃게 되었다.

"이게 무슨 팔자란 말이냐? 결혼하지 말고 목회자나 되거라. 하나님 딸이 되어서 더 많은 사람들을 구제하면서 살아라……."

어머니는 도저히 어찌해 볼 수 없는 딸년의 기막힌 팔자를 하나님에게 의지하고 싶어 하셨다. 그래도 나는,

"목숨을 잃은 것도 아닌데 무슨 말씀을 하시는 거예요?"라며 그와의 결혼을 강행했다.

"애가 미쳤구나. 반편하고는 살아도 불구하고는 못 사는 법이야……."

"엄마, 인간은 이미 완성된 기성품을 찾는 것이 아니에요. 미완의 진흙 상태에서 만나 서로에 맞게 완성품을 만들어 가는 것이라구요."

나의 설득은 그럭저럭 어머니의 마음을 돌려놓았다. 더 어려운 여건의 목회자들을 많이 보아 오셨던 어머니가 마음을 돌려먹으신 것이다.

나는 그가 병원에 있는 동안 내내 병원에서 먹고 자고 했다. 그런데 어느 날 그가 아트리에에 가서 화구 좀 가져다 달라고 했다. 병실에 앉

아서라도 그림을 그리고 싶다는 것이었다.

　나는 그렇지 않아도 매일 병상에서 우울해 하던 그를 보는 것이 마음 아팠던 터라 그것도 좋은 방법이라고 생각하고 아트리에로 갔다. 아트리에는 말끔히 청소가 되어 있었다. 그의 짐으로 가득하던 아트리에가 텅 비어 있는 것을 보고서야 나는 그가 나를 이곳에 보낸 뜻을 알아차렸다.

　그와 내가 앉아 내다보던 창가에 편지가 한 통 놓여 있었다. '진송이에게……' 로 시작되는 편지의 내용은 진실로 사랑하기 때문에 떠나는 나를 용서하고 부디 새출발해서 어머니 기대에 부응하는 딸이 되라는 것이었다. 합리적으로 생각해서 불 보듯 뻔한 우리의 관계를 이런 식으로 연장시킬 수 없다는 그의 편지를 손에 쥐고 나는 병원으로 달렸다.

　그는 병원에 없었다. 그렇게 나는 또 한번의 사랑을 놓치고 말았다.

　사랑하는 모든 것들이 나를 떠나고 있다고 생각하니 가슴 저 밑에서부터 대상없는 증오심이 끓어 오르기 시작했다. 내가 무슨 죄를 그다지도 지었길래 나를 이런 시험에 들게 만드는 것일까?

　나는 나에게 끊임없이 화내고 또 화내면서 나를 떠난 이들에 대해 알 수 없는 죄책감을 가져야 했다.

꺼져버린 효원이의 불꽃

　세상에 태어나 8개월을 8년처럼 살다간 내 아들 효원이. 내 희망의 통로였던 그 아이가 내 곁을 떠난 지도 십수 년. 만일 그 아이가 내 곁에 살아 있었다면 지금의 내 운명은 조금 더 다른 모습이 아니었을까?
　그러나 그 아이는 한마디 말도 없이 내 곁을 떠났고, 지금은 내 곁에서 동자신으로 들어와 늘 함께 있지만, 그것이 어디 늘 곁에서 함께 밥을 먹고 학교를 보내면서 살아가는 평범한 모자지간만 할 수 있을까?
　아들의 손을 잡고 어딘가로 가고 있는 엄마들을 볼 때마다 나는 가슴 저 밑에서부터 치밀어 오르는 슬픔과 처연함을 십수 년이 지난 지금까지 감당하지 못하고 있다.
　나는 운명을 거역하고 한 남자와 결혼을 했었다. 처음부터 운명을 거역했던 탓이라고 밖에 할 수 없도록 나의 결혼 생활은 일방적으로 희생을 강요당하는 엄청난 불협화음을 내고 있었다.
　스물여덟에 결혼해서 몇 해 동안의 결혼 생활에 종지부를 찍기까지 나에게 있어 내 아들 효원이는 구원이자 희망이었지만, 결국 가슴속에 커다란 멍에만을 남겨두고 그 애는 먼길을 떠나버렸다.

그 애를 가졌을 때, 나는 솔직히 그 애의 존재를 어떻게 할 것인지에 대해 고민하지 않을 수 없었다. 왜냐하면 불행이라고 말하기엔 너무도 비참했던 결혼생활을 언제까지 영위할 수 있을지 자신이 없었기 때문이었다.

"망나니같이 굴던 남편도 아이 낳으면 언제 그랬냐는 듯이 잠잠해진대……."

"애를 낳아 봐야 철난다."

주위 사람들과 어머니의 말씀을 들으면서, 나는 내가 처해 있는 상황 때문에 내 뱃속에 보금자리를 튼 아이를 지우려고 했던 나 자신에 대해 회의했다.

"그래, 나중에야 어떻게 되든 이 아이는 내 아이니까……." 나는 드디어 아이를 낳기로 결심을 했다.

체질이라고는 하지만 나는 입덧이 유난히 심했다. 냄새도 맡을 수가 없었고 물만 먹어도 토하기가 일쑤였다. 그래서 입으로 삼키는 것보다 영양제 주사를 맞고 버티는 일로 그 아이가 무사하기만을 기원했었다.

아이를 낳는다는 일보다는 아이를 열 달 동안 무사히 지키는 일이 그토록 버거우리라고는 상상조차 못해 본 일이었지만, 나는 내가 아이를 가졌다는 자체만으로 대견스럽고 가슴이 달아올랐다.

하나의 생명체가 내 안에 있다는 사실이 감지될 무렵, 나는 그저 하나님께 건강하고 아무 이상이 없는 아이를 낳게 해달라고 간절히 기도했다. 그밖에는 바라는 것이 아무것도 없었다. 다만 건강한 아이가 태어나 그 아이를 정성껏 키우면서 언제나 도를 닦는 기분으로 살아야겠다고 결심했기 때문이다.

　사실 나는 다른 엄마들처럼 뱃속의 아이를 위해 태교를 하기는커녕 난폭했던 아버지의 성격을 닮으면 어쩌나, 혹은 엄마의 불행한 운명을 물려받으면 어쩌나, 하는 고민만 하면서 그저 하나님에게 간절히 매달릴 수밖에 없었다. 그렇게도 교회만 가면 다른 생각에 졸립기만 하던 내가 연일 하나님을 찾으면서 '부디 건강한 아이'를 낳게 해달라고 간절히 기도를 드렸던 것이다.

　그러나 운명의 신은 아직도 나와의 승부가 끝나지 않았다는 듯이 내게 줄 아주 커다란 시련을 준비하고 있었다. 나는 어서 열 달이 지나 귀엽고 예쁜 아이를 만나고 싶었다.

　만삭이 되자 나는 배가 너무 불러서 일어서 있지도 못할 지경이 되었다. 그렇다고 열 달 동안 잘 먹고 편하게 지냈던 것도 아니었고, 심한 입덧 탓에 먹지도 못하고 그저 영양제 주사로 근근이 연명을 하고 있던 터에 그래도 아이는 건강하게 잘 자라 주었던 모양이었다.

　"아이가 너무 커서 자연분만이 어려울 수도 있어요."

　의사는 그렇게 말했지만, 나는 그래도 아이만큼은 내 힘으로 자연분만을 하고 싶었다. 알 수 없는 고집이었지만, 나는 처음으로 엄마를 만나게 될 아이에게 엄마가 겪을 수 있는 고통을 다 겪고 난 뒤, 자신을 기쁜 얼굴로 맞이하는 모습으로 기억하게 하고 싶었던 것이다.

　아이는 정상적으로 열 달을 채우고 예정일이 되어서 진통이 시작되었다. 그때 분만실 밖을 지킨 사람은 어머니뿐이었다. 남편이라는 존재는 내가 아이를 가졌다는 사실조차도 대수롭지 않게 여기며 살아가는 사람이었으므로, 남편이 아빠가 되길 고대하면서 병실 문 밖을 지키는 일은 바라지도 않았다.

배가 지나치게 부른 탓에 나는 분만실이 아닌 온돌방에서 몸을 풀게 되었다. 그때 내 상태는 침대에 누워 다리를 구부릴 수조차 없었다. 더구나 아무리 자연분만을 하려고 해도 나의 힘으로는 역부족이었다. 그래서 수술을 하자고 의사는 계속 종용하였지만, 보호자의 서명이 있어야 수술을 할 수 있는데, 명색이 보호자라는 남편은 없었고, 어머니께서는 제왕절개라는 자체를 반대하고 계신 분이어서 죽지 않으면 수술은 안 된다고 잘라 말씀하셨다.

하는 수 없이 의사와 간호사 세 명이 달려들어 한 명은 팔을 잡고 다른 한 명은 다리를 잡은 뒤 또 다른 한 명이 가슴께부터 기저귀 같은 천을 동여매고는 쓸어내리듯이 아이를 밀어냈다. 혹독한 진통이 나를 사지로 몰아넣어가고 있었다.

그렇게 하기를 수 시간, 남아있던 마지막 한 톨의 기력마저 소진해 가물가물 정신을 잃어가고 있었다. 그 가물거리는 정신 속에서도 내가 포기하면 아이가 잘못 될 수도 있다는 생각에 난 하나님을 붙잡고 늘어졌다.

'하나님, 제게 힘을 주소서 그리고 내 아이가 건강한 모습으로 태어나게 도와주소서……. 하나님…….'

순간, 정신을 잃었다. 아이가 태어났다. 아이의 울음소리가 들릴 무렵 뒷수습을 하는 과정에서 아이를 씻기던 간호원이 '으악!' 하고 소리를 질렀다. 나는 잠속으로 빠져들면서,

"뭐예요? 왜 그러세요?"

하고 물었다.

"아들이에요."

간호원은 그 말만을 남기고 아이를 안고 밖으로 나가 버렸다. 나는

간호원의 비명을 자꾸만 불안스럽게 여기면서 깊은 무의식의 나락으로 빠져들고 있었다.

꿈에 건강하고 예쁜 사내아이가 나를 향해 아장아장 걸어오다가 푸른 풀섶 사이로 넘어져 버렸다. 나는 아이를 향해 손을 내밀었다. 아이는 내 손을 잡고 일어나 내 어깨 위에 올라앉았다.

나는 아이의 얼굴이 보고 싶어서 자꾸만 뒤를 돌아보았지만, 아이의 얼굴은 없었다. 놀라 소리를 지르다가 눈을 떴다.

"정신이 드냐?"

"아기는요. 아기 좀 보게 해 주세요."

"지금은 안 된단다. 네 몸이 너무 허약한 상태라서 지금은 네 몸을 추스리는 것이 우선이야. 아이는 나중에 봐도 되잖니. 너 나흘만에 깨어난 거란다. 얼마나 걱정을 했는지……."

그래도 아이를 보여 달라고 떼를 썼지만, 회복을 앞두고 그러면 안 된다는 말에 나는 더 이상 조를 수가 없었다.

그리고 일주일이 지난 후, 여전히 아이를 보여 주지 않자 나는 점점 불안한 마음에 휩싸이게 되었다. 도대체 어느 정도의 기형이기에 이렇게 오랜 시간 에미인 나에게조차 아이를 보여 주지 않는 것일까? 나는 불안하기 짝이 없었다. 나는 계속해서 아이를 보여 달라고 했다.

"너, 정말 마음 굳게 먹고 봐야한다……."

어머니의 말씀에 나는 더 이상 묻지 않았다. 더 이상 묻지 않아도 아이에게 분명 엄청난 장애가 있으리라 생각했기 때문이었다. 그것도 죄 많은 나의 업이라고 생각했다.

"엄마, 손가락이 여섯 개야?"

"아니다, 멀쩡해"

"그럼 왜 그러는 거야? 혹시 정박아야?"
"글쎄 아니라니까, 멀쩡해요……."

병원 측에서는 내게 강심제를 놓아 주었다. 이유는 아직 회복이 덜 된 상태이기 때문이라고 했다. 드디어 난 강심제까지 맞고 아이를 만나게 되었다.

하얀 강보에 싸인 아이는 간호원의 품에 안겨 내가 누워 있는 방으로 들어왔다. 얼핏 보기에는 아이에게 별 문제가 있어 보이지는 않았다. 나는 아이를 받아 안고 강보를 풀어 보았다. 아이는 신생아라고 하기에는 무척 커보였다. 하얀 강보 안에서 잠을 자고 있던 아이가 눈을 떴다. 피부는 마치 분을 발라 놓은 듯이 하얗고 눈은 초롱초롱 했다. 내 아들 효원이는 장애아가 아니었다.

어머니의 말씀대로 아이는 정상이었다. 그러나 기형보다는 더 큰 장애아였다고 말하는 것이 옳겠다.

아이의 팔이며 다리를 쓰다듬으며 여기저기 살피던 나는 내 아들 효원이와 눈이 마주쳤다. 그리곤 나는 실신을 했다.

생후 2주밖에 되지 않은 신생아가 입을 벌리고 방긋거리는 것도 신기한 일인데, 웃는 아이의 입 속에는 하얀 것이 보였다. 이빨이었다. 그것도 아래위로 네 개씩이나 나 있었다.

"내 아이 맞아요? 이앤 너무 큰 것 같은데……."

그 아이는 그다지도 만나기를 고대하던 내 아들 효원이가 맞았다. 간호원이 비명을 지른 이유도, 아이를 2주가 넘도록 만나지 못하게 했던 이유도 그제야 알 수 있었다.

병원에서는 아이를 서울대학병원으로 데리고 가보라고 했다. 내 생각에도 그곳이라면 왜 우리 아이가 이런 것인지 밝혀 줄 수 있을 것 같았다.

그러나 그곳에서도, 세브란스 병원에서도 그 아이의 기형 원인을 속시원하게 밝혀 주는 의사는 없었다.

"뇌를 구성하고 있는 성장 세포의 성장 속도가 빠르다는 얘기밖에 무슨 얘기를 더 해드릴 수가 없군요. 이런 아이는 드물기는 하지만 아주 없는 것은 아닙니다. 그러나 어차피 이 아이는 길어야 열다섯 살까지밖에 살 수 없으니 병원에 맡겨 주십시오. 아이가 세상을 떠날 때까지는 저희가 보살피겠습니다. 한 살이라도 어릴 때 부모와 떨어지는 것이 낫죠. 아이는 언제든지 보실 수 있도록 하겠습니다."

하지만 나는 망설일 것도 없이 그럴 수 없다고 잘라 말했다. 이미 그 아이는 내 아이였으므로 나는 한낱 실험의 대상으로 그 아이를 병원에 맡길 수는 없었다. 만일 의사들의 말대로 내 아이가 그렇게 짧게 살다 간다면 더더욱 아이는 마지막까지 내가 보살펴야 한다고 믿었다.

그리고 효원이와 나의 은둔 생활은 시작되었다. 나는 하루에도 몇 번씩 믿기지가 않아 아이의 입 속을 들여다보았다. 아이는 우유만으로 배불러 하지 않았다. 그래서 암죽을 쑤어 먹였다. 그때가 생후 1개월째였다. 그리고 뒤집는가 하면 벌써 일어나 앉아 있었다.

눈에 보일 정도로 아이의 성장 속도가 빨라졌다. 리모콘을 작동하기 시작한 것은 백일 즈음이었다. 그래서 나는 퍼즐 게임을 사다주고는 몇 번 맞추는 방법을 일러 주었더니 아이는 금세 따라했다. 더러는 이런 아이를 신동이라고들 한다. 그러나 그 아이는 신동이 아니라 3살박이 아이 수준이었던 것이다. 나는 동네 슈퍼를 가도 아이를 놔두고 혼자 갔다. 동네에서 그 아이를 두고 쑤군거리는 것이 싫었기 때문이었다. 그때는 그것이 아이를 위하는 일이라고 생각했지만, 지금 생각해

보면 내가 효원이의 엄마라는 것을 창피해 했던 것이 아닌가하여 죄책감이 더 심해진다.

"아이구, 팔자만 더러운 줄 알았더니 아이를 낳아도 어디 저런 아이를 낳았대. 저게 어디 영화에서나 가능한 일이지……. 괴물 아니유?"

그렇게 동네 사람들이 나를 향해 손가락질을 하게 될 일이 두려웠던 것이다.

효원이가 5개월이 되었을 무렵, 아이는 일어나 주춤주춤 걷기 시작했다. 그리고 아이의 얼굴도 이미 너댓 살박이의 얼굴이었다. 밥도 잘 먹고 걷는가 싶더니 뛸 정도로 잘 걷게 되었다.

나는 다시 병원으로 데리고 갔다. 아이는 모든 것이 3살짜리와 같다는 것이었다. 지능지수도 그렇고 성장 상태도 그랬다.

의사들은 이제 더 엄청나게 빠른 속도로 성장하는 효원이를 보아야 한다고 했다. 의사들의 말처럼 효원이는 더듬더듬 말을 하는가 싶더니 어느새 여덟 살 정도의 수준으로 말을 했다.

그 아이가 나에게 베풀어 주었던 것이 있다면 그 아이는 나에게 아무것도 요구하지 않았다는 것이다.

"이거 줄까?"

라고 해야만 고개를 끄덕일 뿐, 뭘 사달라거나 예의 그 또래 아이들이 조르는 식의 태도를 보인 적이 없었다. 어쨌든 생후 7~8개월에 이미 성장 상태는 8살이었으므로 나는 아이가 열다섯까지 산다면 어떤 식으로 이 아이를 키워야 할 것인지가 고민스러웠다.

아이는 거의 햇빛을 보지 못한 채 살았다. 집 안에서는 늘 커튼을 내려놓았고, 태어나서 단 한번도 밖으로 데리고 나가지 않았기 때문이었다.

어느새 효원이는 만화 비디오를 보거나 동화책을 보고 퍼즐 게임을 하다가도 늘 베란다 창에 붙어서 커튼 한 자락을 젖히고 밖을 내다보는 것이었다.
그런 아이의 뒷모습을 보면서 나는 한없이 울었다. 아이가 정상이 아니라고 바깥 구경도 한 번 시켜 주지 못한 내 자신이 그렇게 미울 수가 없었다.
"동물원에 언제 가?"
동화책을 읽어 주는데 효원이가 물었다.
"동물원에 가고 싶니? 거기 가서 뭐 볼려구?"
"하늘하구 구름하구 햇님, 그리구 동물을 보지……."
가슴이 막혀왔다. 효원이의 입에서 나온 '하늘'이라는 말은 내 억장을 무너지게 했다. 나는 이사를 가서라도 아이에게 바깥세상을 구경시켜 주어야겠다고 생각했다.
그 해, 추석을 하루 앞둔 날이었다. 그날따라 효원이는 아무것도 먹지 않고 그저 힘없이 바깥 구경만 하고 있었다. 추석 음식을 준비하던 나는 아무래도 추석이 지나면 어디 가까운 곳에라도 효원이를 데리고 다녀와야겠다고 생각했다.
저녁 무렵, 주스만 한 잔 먹고 난 효원이가 소파에 누워 있는 나에게로 다가왔다.
"엄마, 나 창피해?"
"무슨 소리야? 누가 그래? 아니야, 왜 효원이가 창피해?"
"나는 언제나 엄마랑 살 거야. 엄마 사랑해……."
느닷없는 말에 나는 아이를 안고 울음을 터뜨렸다. 예기치 않은 운명을 타고 태어난 효원이의 일생을 책임져 줄 사람은 오직 나 하나밖에는 없었다.

"추석 지나고 엄마랑 어디 여행가자. 알았지?"

효원이는 아무 말도 없이 졸리다며 제 방으로 들어갔다. 늘 그랬듯이 아이는 단 한 번도 내 품에서 잠들어 본 일이 없었다. 나는 소파에서 그대로 잠이 들었다.

효원이가 나를 불렀다. 고개를 들어보니 효원이가 하얀 한복을 입고 하늘하늘 웃으며 어디론가 자꾸만 가고 있었다.

"효원아, 어디가? 이리와……."

효원이는 점점 더 멀어져 갔고, 나는 그 아이를 잡으려고 죽을힘을 다해 뛰었다. 그러나 아이는 어느새 보이지 않았다.

"효원아!"

땀에 흥건히 젖어 있었다. 잠시 꿈을 꾸었던 것 같았다. 나는 갑자기 효원이가 잘 자고 있는지 보고 싶었다.

효원이는 아기 침대에 반듯하게 누워 있었다.

다가가 이불을 잘 덮어 주려는데 뭔가 이상했다.

"효원아……."

아이의 고개가 베개에서 툭 떨어졌다.

나는 그 자리에 털썩 주저앉았다. 아닐 것이라고, 열다섯 살이면 아직도 멀었는데 벌써 죽었을 리가 없다고 도리질을 치면서 나는 아이에게 매달려 울부짖었다.

그때 현관 벨 소리가 났다. 친정 어머니였다.

"얘, 아가. 이상한 꿈을 꿔서……."

어머니를 보자 나는 그 자리에서 기절을 하고 말았다.

그렇게 효원이는 소리 없이 내 곁을 떠나고 말았던 것이다.

내 나이 서른 한 살이었다. 자신만을 생각하는 이기적인 엄마를 둔 효원이는 열다섯 살까지도 다 못 살고 8개월 만에 저 세상으로 가버렸다. 세상에 나와 그렇게도 보고 싶어 하던 하늘을, 땅을 밟아보지도 못하고 돌아간 것이다.

친정어머니께서는 누구도 모르게 쉬쉬하며 아이를 벽제에서 화장을 시켜 어딘가 교회가 있는 곳에다 한줌 재로 날려 보냈다. 세상에 태어나 8개월 동안 햇빛 한 번 제대로 보지 못하고 한줌 재로 날아간 효원이. 그 아이를 생각하면 나는 마치 심장을 도려내 송곳으로 짓이기는 듯한 아픔을 느낀다.

'효원아, 내 아들아. 이 에미의 거역할 수 없는 팔자 때문에 네가 비록 그렇게 허무하게 죽었다고 해도 이 에미는 언제나 너를 기억하고 너와 함께 있단다. 너는 이 세상에 하나밖에 없는 내 아들이니까……. 그리고 언제나 이 에미 가슴에 남아 있으니까…….'

나는 가끔 신당에 앉아 효원이에게 이런 메시지를 전한다. 그러면 동자신으로 와 있는 효원이는 아무 소리 없이 멀뚱히 앉아 있다. 누구도 모르리라. 자식을 앞세우고 신 받아서야 신당에서 만난 자식을 그저 안아보지도 못하고 바라보고만 있어야 하는 에미의 아픈 심정을…….

머리도 쓰다듬어 주고 싶고, 안아서 목욕도 시켜 주고 싶고, 그리고 손잡고 놀이도 가고 싶은 이 엄마의 간절한 심정을 이제 효원이는 알리라.

효원이가 그렇게 떠나고 나는 다시는 아이를 가질 수 없었다. 이혼과 재혼, 그 속에서 한 번쯤 아이가 생길 만도 했건만, 이제 신은 내게 기형아라도 아이를 주지 않았다. 영원히 내 아들은 효원이 하나뿐이었던 것이다.

사랑하는 아버지

나를 찾는 사람들 중에는 가끔 무능한 부모 때문에 고민을 하는 사람들이 있다. 아버지가 도박을 해서 집도 날리고 이제는 회사로 찾아와 돈 내놓으라고 으름장을 놓기 때문에 망신살이 뻗쳤다는 것이다.

더구나 해 준 것도 없는 양반이 자식 덕이나 보겠다고 툭하면 다 큰 자식들에게 손찌검을 가하기 일쑤라는 사람들도 있다.

그런 사람들을 만나게 되면 나는 늘 같은 말을 한다.

"그래도 부모는 살아 계실 때가 좋아요. 보고 싶으면 볼 수도 있고 만지고 싶으면 만져도 볼 수 있지만, 돌아가시면 그러고 싶어도 못 그런다구요. 그때는 이미 늦었죠. 후회해도……. 잘 해드리세요. 부모는 천륜인데 어떻게 끊겠어요. 나를 이 세상에 나오게 해 준 것 하나만으로도 고맙지 않아요?"

어렸을 때에는 몸이 약해서 속을 태웠고, 커서는 팔자인지 운명인지 생각에도 없었던 무당이 되는 바람에 부모님 속을 썩혀 드린 나로서는 그런 말을 할 때마다 가슴 한 귀퉁이에 쌓아 둔 서러움이 몽글몽글 피어오른다.

사실 무속의 전통적인 사상 중에 으뜸이 효(孝)사상 이라는 것은 누구나 다 아는 일이다. 무조신화 '바리공주' 편을 보면 무속에서는 효사상을 근간으로 하고 있다는 것을 알 수 있다.

옛날, 임금께서 아들을 기다렸는데, 왕비는 계속해서 딸만 여섯을 낳았다고 한다. 그래서 일곱 번째는 아들이려니 기다리다 역시 딸이자 화가 머리끝까지 치민 왕이 돌함에 아기공주를 넣어 강물에 던져 버리라고 하였다.

말도 안 되는 소리였지만, 임금의 명이니 수행을 하기 위해 신하가 돌함에 아기공주를 넣어 강으로 갔다. 돌함은 금거북 열쇠로 단단히 채워졌고, 신하는 이윽고 강물 속으로 돌함을 던져 넣었다. 그랬더니 던지자마자 가라앉아야 할 돌함이 강물 위로 솟구쳐 올라왔다. 그러기를 몇 번, 이번에는 좀더 깊은 곳으로 가서 돌함을 던졌다. 한동안 돌함이 가라앉는가 싶더니 이번에는 금거북이 돌함을 등에 지고 엉금엉금 기어 나왔다.

신하는 신기하기도 하고 이것만은 못할 짓이다 싶어 그냥 돌함을 그곳에 둔 채 궁으로 돌아왔다.

돌함에 들어 있던 공주는 어떻게 되었을까? 거북이 지고 나온 후 어디선가 학이 내려와 돌함 속의 아기공주를 날개로 덮어 따뜻하게 보호해 주었다. 지나가던 할머니가 그 광경을 보고는 하늘이 주신 아기라고 생각하고 집으로 데려가 정성을 다해 키웠다.

한편, 궁에서는 왕과 왕비가 아기공주를 버리고 난 후, 병석에 드러눕게 되었다. 어떤 약을 써 봐도 낫지 않았는데, 점을 쳐보니 왕과 왕비는 한날한시에 죽을 꽤였다. 그러나 멀고 먼 나라에 가서 신비한 약물을 구해다가 마시면 낫는다고 했다.

왕은 첫째부터 공주들을 차례로 불러 약물을 구해 올 것을 간절히 부탁했다. 그러나 공주들은 이 핑계 저 핑계로 아무도 약물을 구하려고 나서지 않았다. 그러던 어느 날, 왕의 꿈에 동자가 나타나 절을 하더니 버렸던 공주를 찾아오라는 것이었다.

왕은 죽은 줄로만 알았던 막내공주가 살아 있다는 소리를 듣고 백방으로 수소문을 하기 시작했다.

한 신하가 정처 없이 공주를 찾아 나섰는데, 길가에 풀과 나무가 쓰러져 눕는 것을 보고 신기해 그 길을 따라 가보았더니, 어느 집 앞에서 나무가 쓰러지지 않았다. 그 집에는 바리공주가 살고 있었다.

바리공주는 언니들이 못 간다고 했던 멀고 먼 나라에 약수를 뜨러 길을 떠났다. 어느 만큼 가니까 괴물이 나타나 길 값, 물 값을 내놓으라고 했다. 돈을 가져왔을 리 없는 공주는 울면서 애원했다. 그러자 괴물은 자기와 함께 살면서 아들 3형제만 낳아 주면 물을 길어가게 해 주겠다고 했다.

바리공주는 하는 수 없이 그 곳에서 괴물과 살며 아들 3형제를 낳아 주었다. 그리던 어느 날 수저허리가 부러지는 꿈을 꾸고는 놀라 약수를 길어서 다시 부모님께 돌아오는데, 한 장례행렬을 만나게 되었다. 그것은 부모님의 장례행렬이었다. 바리공주는 관을 열고 부모님께 그 약수를 마시게 하였다.

왕과 왕비는 다시 살아났다. 그리고 자신을 위해 공주 자신의 몸을 희생하면서까지 약수를 구해 온 공주에게 나라의 반을 떼어주겠노라고 했다.

그러나 바리공주는 모든 재물과 벼슬을 사양하고 죽은 사람의 영혼을 저승으로 인도하는 무당이 되었다.

무당인 나는 독실한 기독교 집안이었던 친정이나 시댁에 아무런 효도도 못해드렸다. 무당도 내가 억지로 된 것이 아니건만 부모님들은 그것을 이해하려고 들지 않으셨던 것이다.

만일 아버님이 살아 계셨더라면 아마도 이런 내 운명에 대해 보이지 않는 힘을 보태 주셨을 것이다.

그렇다. 아버지는 내 인생에 있어서 가장 푸근하고 편안함을 주었던 나의 마음의 고향이었다.

나의 아버지는 평양분이셨다. 생전에는 무능하셔서 비록 살림을 도맡아 하시는 어머니 그늘에 가려 사셨지만, 그래도 내게는 어머니와 같은 따뜻한 사랑을 느끼게 해 주셨던 분이셨다.

아버지는 상해며 러시아에서 공부를 하신 덕에 5개 국어를 능통하게 하실 수 있으셨던 분이었다. 아버지 젊어 생전에는 상해에서 독립운동에 가담하셨다가 일본군에 잡혀 모진 고문을 다 당하셨다.

지금도 선명하게 기억이 나는 것은 아버지의 그 험한 손과 발이었다. 아버지의 갈퀴같이 거친 손과 발에는 손톱과 발톱이 없었다. 당시 일본군의 고문에 손톱 발톱은 물론이고 갈비뼈도 두 대나 잃으셨던 것이다.

독립이 되고 밝은 빛을 보셨으나 허리도 제대로 펼 수 없고, 폐가 나빠져서 아무 일도 하실 수가 없었다. 그러니 집안 살림은 독판 어머니 차지였다.

우리 식구는 처음 인천에서 자리를 잡았다. 어머니는 인천시내에서 운수업을 하셨고, 아버지는 영종도에서 요양을 하면서 어린 나를 도맡아 키우고 계셨다.

지금도 생각나는 일은 그 거칠디 거친 손으로 매일 아침 내 머리를 꼼꼼히 빗겨 주시던 손길이다. 비록 빗살처럼 거친 손이었지만, 내 머리를 빗겨 주시던 손길만은 그렇게 따뜻할 수가 없었다.

"아가, 너는 늘 남을 위해 일하는 사람이 되거라."

아버지는 늘 내게 남을 위해 일하는 사람이 되라고 일러 주셨다. 그것은 내가 어린 시절 몸도 유난히 약한데다가 두 번이나 죽었다가 깨어나는 등 평범한 아이로서는 할 수 없었던 체험을 했던 일 때문이었다.

"너는 하나님 자식이니, 반드시 남을 위해서 일하는 사람이 되어야 한다. 그래서 일찍 죽지 않고 살아난 기적의 뜻을 펼쳐야 하느니라……."

아버지는 내가 받은 것에 대해 남들에게 돌려줄 줄 아는 사람이 되라고 일러 주셨다. 그리고 늘 따스한 눈길로 내가 하고자 하는 일이라면 언제나 믿고 따라 주셨다.

나는 어린 마음에도 아버지를 행복하게 만들어 드리기 위해서라도 아버지가 바라는 대로 남을 위해 일하는 사람이 되겠다고 결심하곤 했었다.

그러나 아버지는 내가 대학 2학년이 되던 해 돌아가셨다. 아버지가 세상을 떠난 후, 나는 어머니께서 들어도 서운할 정도로 정신적인 방황을 하였다. 늘 아버지 말만 하고 아버지와의 추억을 더듬으면서 어머니와는 말도 하기 싫어했다. 왠지 늘 씩씩하셨던 어머니가 아버지를 돌아가시게 만들었다는 생각이 들었던 것이다.

나는 눈물로 말리시는 어머님의 뜻을 저버리고 학교에 휴학계를 냈다. 그렇다고 별다른 뜻이 있었던 것은 아니었지만, 그래도 편하게 학교를 다닐 수가 없었다.

휴학을 한 상태에서 나는 선배의 무용학원을 나가게 되었다. 아이들을 가르치기 위해서였다. 그냥 앉아 놀기에는 너무나도 외로웠기 때문에 나는 아이들이라도 가르치는 일을 해야겠다고 생각했다.

그러던 어느 날, 아버지가 꿈에 불쑥 나타나셨다. 꿈이지만 너무 반가워,

"아버지, 여기 웬일이세요?"
하고 나는 반가이 달려갔다.

"너 오늘 우리 집에 한번 가볼래?"

아버지는 돌아가신 후 기독교 공동묘역에 안치되셨는데, 꿈속의 아버지의 집도 둥근 지붕이 이상스레 보이던 집이었다.

아버지는 집에 들어서면서 푸념을 하시기 시작했다.

"다른 집에는 문패가 있어서 편지도 잘 들어오는데, 내가 사는 집에는 문패가 없어서 편지도 안 오고, 사람들도 놀러오지 않고……. 외롭고 쓸쓸하구나……."

아버지의 한숨 소리를 들으면서 잠이 깬 나는 다음 날로 경기도 금촌에 있는 기독교 공동묘원에 찾아갔다. 공원묘역에 있는 아버지의 묘지 앞에 선 나는 안타까움에 눈물이 주르르 흘렀다. 그렇게 버리듯 묻어버린 아버지의 묘역을 보자 어머니에 대한 미움이 앞을 가렸다. 그러나 부모와 자식간은 천륜이 아니겠는가?

다른 묘지들 앞에는 상석도 있고 묘비도 있었으나, 아버지의 묘지 앞에는 아무것도 없었던 것이다. 그리고 주변 경관도 그렇게 황량할 수가 없었다.

무용학원에서 받은 첫 월급에 선배에게 앞으로도 더 일을 해 주겠다

고 약속을 하고 빌린 돈으로 아버지 비석부터 해드렸다. 그 후, 아버지는 절대 꿈에 나타나지 않으셨다.

그러나 내가 무당이 된 후에 나는 아버지를 가끔 만날 수 있었다. 그리고 그 어떤 신보다 나를 걱정해 주시고, 어려울 때는 마음으로 안아 주시는 이는 아버지뿐이었다. 간혹 아버지는 내 신당에서,

"아가, 남을 위해 일하는 무당이 되거라……."
하시며 나의 갈 길을 인도해 주시곤 한다.

돌아가신 후에도 그저 남을 위해 일하는 것만을 바라시는 당신의 마음을 나는 잊지 않으리라 다짐을 한다.

"아가, 너는 기구할 수밖에 없는 운명을 타고났으니 그것을 서러워하거나 슬퍼 말아라. 외로움이란 누구에게나 있는 법이고, 그것을 이기며 살아가는 사람들은 네 주위에도 많이 있단다……."

"아버지 외로워 죽겠어요. 그리고 저는 아직 이 운명을 어떻게 풀어 나갈지 모르겠어요……."

신당에 앉아 그렇게 울고 있노라면 아버지는 어김없이 나를 안아 주시며 그렇게 말씀하시곤 한다.

"아버지, 나는 당신의 그 거칠었지만 따스했던 손길이 미치도록 그리운 거라구요……."

그러나 아버지는 이제 나의 머리를 빗겨 줄 수도 없고 나를 안아 머리를 감겨 줄 수도 없다. 그리고 내가 힘들고 지칠 때, 느낌이 아니라면 그 따스한 품도 없다. 하지만 나는 알고 있다. 내 아버지가 내게 무당으로서 바라는 삶이 무엇인지를……. 그리고 얼마나 나를 사랑하는지를…….

어머니와의 화해

　내 기억에 가장 선명하게 남는 어머니의 모습은 대학 진학을 앞두고 처음으로 내 등가죽을 때리시며 우셨던 모습이다.
　약사나 전도사가 되라시던 어머니에 맞서 무용과를 가겠다는 나를 어떻게 해볼 도리가 없어 때리셨던 것이다.
　"아니, 내 생전에 너 하나 보고 모진 고생 이기면서 살아왔는데, 이게 무슨 날벼락 같은 소리냐? 대학은 곧 네 인생을 결정짓는 순간인데 무용과를 가겠다니 말이나 되는 얘기냐?"
　그러나 나는 결국 무용과로 진학을 했다. 자식을 이기는 부모가 없다고는 하지만, 그때 나는 어머니가 원하는 일은 왠지 청개구리처럼 요리조리 피해 다니고 있었다.
　더구나 결혼 문제에서도 어머니와 나는 뜻이 달랐다. 첫사랑과 두 번째 결혼을 약속했던 사람을 잃었을 때, 어머니는 마치 병석에서라도 일어나듯 툭툭 털고 다른 사람과 결혼을 하라고 하셨다.

그러나 나는 그렇게는 못하겠다고 어머니와 맞섰다. 하나밖에 없는 딸이 혼자 무용학원을 하면서 살아가는 것을 보고 계시던 어머니는 어느 날 나를 붙들고 펑펑 눈물을 흘리셨다.

"네 나이 이제 이십대 후반이다. 이 에미는 언제 죽을지도 모르는데, 이 에미 죽고 나면 어떻게 이 험한 세상을 혼자 살아가려고 그러느냐……. 나는 죽기 전에 네가 남편 자식 거느리고 편안하게 사는 것만 보면 소원이 없겠구나……."

나는 하는 수 없이 어머니의 뜻대로 중매결혼을 하였다. 당시의 중매라는 것이 어디 요즘처럼 요모조모 따져 보는 것도 아니고, 그저 누군가 중간에서 소개를 시켜 주면 그것이 중매였던 때였다.

어머님이 개척하신 교회의 신자로, 동네에서 작은 전파상을 하고 있던 그는 어머님에게 점수를 많이 따 놓은 모양이었다.

그렇게 어머니의 뜻대로 그와 한 결혼이 파경에 이르렀음에도 어머니는 절대 나에 대한 기대를 누그러뜨리지 않으셨다.

틈만 나면 어디 괜찮은 신랑감이 없는지 찾아보고 다니셨고, 이제라도 하나님의 딸로 전도사가 되는 공부를 해보라고 나를 부추기시기도 했었다.

"아가, 네가 어때서? 너는 아직도 예쁘다. 그러니 전도사 공부하다가 목사나 아니면 같은 전도사 만나 결혼하면 좀 좋으냐……."

그러나 나는 9년 전, 지금의 남편을 만났다. 물론 독실한 기독교집안이라는 점은 마음에 들었지만, 어머니께서는 남편이 전라도 사람이라고 반대하고 나섰다.

게다가 오퍼상을 한다는 사실이 마음에 들지 않으셨던 것이다. 기왕이면 하나님 일을 하는 사람과 결혼을 해야 한다는 것이 어머님의 뜻이셨다.

"그래, 어머니 뜻대로 했던 결혼이 어떻게 됐어요? 어머니도 보셨잖아요. 내가 어떻게 살았는지, 그리고 어떻게 헤어졌는지……."

어머니께서는 더이상 말씀을 하지 않으셨다. 그 일로 어머니와 나와의 관계는 소원해졌다.

그렇게 결혼을 하고 내가 신이 내려 무당이 되자 어머니는 아예 나와의 인연을 끊으셨다.

"나는 너 같은 딸 둔 적 없다. 너는 사탄이야. 네가 하는 짓이 사탄의 짓이지 그게 어디 하나님의 종으로 할 일이냐? 내 딸 심진송이 예전에 죽었다. 그러니 우리 집 근처엔 얼씬도 말아라……. 전화도 하지 말아라……."

아름아름으로 편찮으시다는 얘기를 듣고 전화한 나에게 어머니께서는 그 말씀만 남기고 전화를 끊으셨다.

어머니는 돌아가시기 전에 몹시 편찮으셨다. 그러나 병문안을 간 나를 문전에도 들이지 않으시고 그 길로 내쫓으셨다. 그래서 나는 어머니의 임종을 지켜보지 못했고, 어머님은 조용히 혼자 외로운 길을 떠나셨다.

6남매나 되는 자식들을 다 잃고 하나 남은 딸자식을 바라보고 사셨던 어머니…….

그런 어머니가 딸의 새로운 인생을 끝끝내 인정하지 않으시고 떠난 것이다.

어머니가 돌아가시기 일 주일 전, 꿈에 어머니가 까만 옷을 입고 쪽을 틀고 까만 보자기를 쓰고 방 안으로 들어왔다. 너무 생생한 꿈이었다. 그런 꿈을 꾼 이후로 나는 한동안 손님이 뚝 끊어져 며칠을 놀았다.

그런데 하루는 어머니가 다시 꿈에 나타나서 나를 데리고 어디론가 가려고 했다.

"아가, 예수 믿고 천당 가자……."

그게 싫어서 나는 어머니의 손을 뿌리치고 나오려고 했다. 꿈에서지만 어머니와 부딪히는 것이 싫었다.

"흰 것으로 옷하고 베개를 사 줘."

어머니의 말에 나는 잠을 깼지만, 불길한 예감에 전화를 걸었더니 어머님은 이미 돌아가신 후였다.

그러나 어머님이 돌아가셨어도 나는 곡을 할 수가 없었다. 주신인 사명대사가 어머님의 친정 할아버지뻘이 되기 때문이었다. 손녀가 죽었는데 곡하는 할아버지는 있을 수 없었다. 나는 그저 가슴으로 슬픔을 곱씹으며 신세를 한탄할 수밖에 없었다.

장사를 지낸 날 꿈에 어머니가 다시 나타나서 6.25때 북에서 피난 내려올 때 가져온 놋상을 주었다. 그리고 방울, 옥수그릇도 함께 주었다.

"생전에는 못 줬는데 이제야 물려주는 것이란다……."

그리고 어머니가 가리키는 쪽을 보니 마늘 싹이 조금씩 나온 넓은 밭이 보였다.

"아가, 이것이 모두 네 것이다. 네가 거둘 것이야."

다음 날 나는 어머니의 유품 중 놋상을 놓고 진오귀 굿을 했다. 10월에 돌아가셨는데, 11월에 했다.

그때 어머니가 몸에 실렸다. 어머니는 일제 시대 여학교를 나온 지식인으로, 워낙 독실한 기독교인이었기 때문에 마지막까지 딸에게 마음을 열지 못했지만, 그래도 결국은 딸의 몸이 편하셨는지 내몸에 실리신 것이다.

"이제부터 가난에서 벗어나게 해 주마……."

어머니는 공수를 통해 한동안 가난하게 살았던 딸을 잘살게 해주겠다고 하신 것이다.

그나마 지금까지 어려움 없이 살게 된 것이 어쩌면 어머니의 덕이 아니었을까 싶을 때가 있다.

3장...
신의 뜻대로

엉터리 부적

가끔 나의 몸주신이신 사명대사 할아버지는 날 찾아오는 사람들을 시험하시곤 한다. 그럴 때마다 놀라는 사람은 나 자신이고, 당혹스러움을 감출 길이 없는 사람도 바로 나이다. 놀랍게도 할아버지께서는 이런 나에 대해 눈 하나 꿈쩍하지 않으신다.

할아버지께서 손님을 상대로 시험하는 것은 단 하나, 얼마나 신의 말씀을 믿고 따르냐 하는 것이다. 이 시험을 통해 그야말로 통과를 하고 나면 그의 인생은 할아버지께서 전적으로 책임을 진다는 사실을 나는 잘 알고 있다.

몇년 전 그러니까 91년도였을 것이다.

신을 받고 얼마 되지 않은 상태인데도 부천과 시흥에서 '용한 점쟁이'라는 소리를 들었던 때였다. 그런 유명세 덕에 신당엔 손님이 줄을 잇고 있었다.

하루는 어떤 남자가 추레한 입성을 하고 신당에 들어섰다. 순간 그에게서 풍기는 인상은 다름아닌 궁색함 그 자체였었다. 몸집은 마를대로 말라서 봐 줄 수가 없었고, 차림 또한 며칠 이상 집에 들어가지 못했던지 남루하기 이를 데 없었다.

"사업이 망했습니다. 아내는 부도가 나서 도망 다니는 나와 자식을 두고 떠나버렸는데, 얼마 전 이혼소송을 내서 이혼했습니다. 그나마 지니고 있던 아내 명의의 집은 아내가 위자료로 챙겨가고, 저는 자식과 함께 친가에 얹혀살고 있습니다. 이제 제 나이 서른넷인데, 정말 이렇게 죽고 마는 것인지 알고 싶어서 왔습니다. 자식 때문에 목숨을 끊으려고 해도 그럴 수가 없습니다."

그의 사정은 듣기만 해도 딱했다. 어린 자식과 사업에 망한 남편을 버리고 그나마 남은 집도 빼앗아 갔다는 그의 아내가 미웠지만, 일방적으로 그의 애기만 듣고 쉽사리 판단할 일은 아니었다.

찬찬히 뜯어보니 무당의 예감으로 딱 빌어먹을 상이었다. 딱하기도 했지만 일단 운이 한 군데도 들어있지 않은 상이어서 나까지 화가 치밀었다. 그것은 다름 아닌 연민이기도 했다. 도대체 전생에 무슨 죄가 많아서 사업 망하고 아내마저 떠나고 덜렁 자식을 떠맡아 부모에게 불효를 저지르는지 안타까웠던 것이다.

"그동안 했던 일이 뭐 나르고 하는 일이었어요?"

"네에? 아, 예. 익스프레스 사업을 했지요. 같은 업종의 사람들이 수지가 맞는다고 하길래 그 말을 믿고 빚을 내서 시작했는데, 임금도 나오지 않아서 그만 두었습니다. 그 사이 끌어들였던 돈은 이자가 눈덩이처럼 불어났고, 갚을 길은 막연합니다. 오죽하면 자식새끼 우유값도 못대 줄 형편이겠습니까……?"

그는 울고 있었다. 그의 눈물이 아니어도 내 가슴에는 저 밑바닥에서부터 짜릿한 아픔이 몰려 왔다.

이제 서른넷이면 얼마든지 새로운 일을 시작해서 번듯하게 성장을 할 수도 있으련만, 나를 더욱 안타깝게 하는 것은 그가 이제는 사업운이 없다는 것이었다.

"여러 군데 다닌 모양인데, 거기서는 뭐라는지 몰라도 당신은 이제껏 헛된 꿈을 꾸었던 거예요."

"제가 여러 군데 다닌 줄 어떻게 아셨어요? 여러 군데 다녔지만 별 뾰족한 수는 가르쳐 주지 않았습니다. 이혼을 잘했다고 그러고, 귀인이 나타난다고도 하구요. 더구나 금세 일어설 것이라는 얘기도 들었는데, 그런지 몇 달이 되도록 감감 무소식이라 마지막으로 선생님을 찾아 뵌 겁니다."

그는 자신감을 잃은 탓인지, 내내 고개를 들지 않고 혼잣말처럼 중얼거렸다. 못내 숙인 고개로 뚝뚝 눈물이 떨어지고, 그 머리 뒤를 잇는 목덜미가 가냘퍼서 나도 모르게 눈물이 고였다.

'빌어먹을 상이다. 더이상 구할 길은 없다.'

어쩌면 할아버지께서는 그렇게 얘기하시고 말았을지도 모른다. 그러나 나는 그렇게 얘기하지 않았다. 내 마음은 조금이라도 그를 도울 수만 있다면 할아버지께 몇날 며칠이고 빌어서라도 도와주고 싶었던 것이다.

"이제부터 나를 믿고 한번 다시 시작해 볼래요?"

"저를 살려 주실 수 있다는 말씀이세요."

"당신은 이제 막다른 길에 와 있는 거예요. 한번 나를 믿고 내가시키는 대로 해봐요. 우선 부적을 써 줄테니 그걸 가지고 가요. 기다려요."

나는 부적을 쓰기 위해 다른 방으로 갔다. 그런데 그때 이상한 일이 벌어졌다. 부적을 그리는 손이 저절로 움직여 마치 유치원생이 그리는 그림처럼 그려졌던 것이다.

'할아버지, 왜 그러세요? 화가 나신 거예요? 너무 불쌍하잖아요. 세상에 애 우유값도 없다는데, 얼마나 죽겠으면 점쟁이를 찾아와 울겠어요?'

그래도 할아버지께서는 묵묵부답으로 그리던 부적에서 손을 떼셨다. 나는 아연실색하지 않을 수 없었다. 그것은 부적이 아니었다. 그것은 그저 부적을 그리는 종이에 어린아이가 그림을 그려 놓은 것이나 다름없었다.

하지만 더 이상은 그릴 수도 없을 것 같아, 나는 신당에 앉아 뭔가를 열심히 기원하고 있는 그에게로 갔다.

"이 부적 가지고 빚진 사람들을 찾아가서 무조건 3일 동안 '제가 살아야 갚지요' 만을 되풀이 하세요."

우선 빚쟁이들을 안심시켜야 다른 일을 해서라도 빚을 갚을 게 아닌가. 승산은 알 수가 없었다. 그는 그 부적을 소중하게 받아 안주머니에 넣었다.

"그럼 삼 일 뒤에 다시 찾아뵙겠습니다. 그리고 이건 복채인데……."

면구스럽다는 얼굴로 내민 돈은 3천 원이었다. 하기사 그 당시만 해도 3천원짜리 점쟁이들이 많았기 때문에 별로 기분이 언짢지는 않았다.

그는 삼 일 뒤에 바로 나를 찾아왔다. 그의 말에 의하면 무조건 빚쟁이들을 찾아가 가슴에 품은 그 부적을 만지며 무릎을 꿇고 앉아,

"제가 살아야 갚지요."

라고만 말했다고 한다. 더러는,

"뭘해서 갚을 것이냐?"
고 묻는 사람들도 있었지만 그럴 때마다 그는 고개를 더욱 조아리며,
"무엇을 하든 제가 살아야 갚지요."
라고만 말했다고 했다.

그제야 할아버지께서는 다른 부적을 써 주셨다. 내심 흐뭇해하시는 것 같았다. 그의 믿음이 엉터리 부적을 들고도 빚쟁이들을 찾아가 시키는 대로 했다고 생각하신 때문이었다.

"이제 이 부적을 가지고 다시 그들을 찾아다니면서 빚을 감면 받아요. 한 30억쯤 되는 것 같은데……. 어떻게 무슨 수로 그 돈을 다 갚을 수 있겠어요"

나도 모르게 30억이라고 말하면서도 나 자신도 적이 놀랐다. 아무리 젊다고 해도 평생 벌어도 30억이라는 돈은 갚아도 갚아도 제자리걸음일 수밖에 없었을 터였다. 이자는 세월의 흐름에 따라 비례해서 늘어날 것이 분명했기 때문이다.

"아니, 어떻게 30억이라는 걸 아셨어요? 하지만 그들이 제 말을 들어 줄까요?"

"그럼 어쩌겠어요? 지금 상황이 상황이니 만큼 이자는 삭감해달라고 빌어봐요. 꼭 하루에 한집씩 열다섯 집이니 15일 동안하고 오세요."

"아니, 열다섯 사람이라는 건 또 어떻게 아셨어요? 아까도 말씀드렸다시피 그들은 사채업자들이에요. 절대 이자를 삭감해 주지는 않을 거예요."

"그렇다고 이렇게 앉아만 있으면 뭐가 나와요? 어서 이 부적 몸에 지니고 다니면서 당장 오늘부터 시작해요. 저녁에 집으로 찾아 가라시

는군요."

그는 더이상 대꾸를 할 수가 없었는지 여전히 돈 3천 원을 내놓고 돌아갔다. 15일 뒤, 그는 희망에 찬 모습으로 나를 다시 찾아왔다.

"선생님 감사합니다. 정말 이 은혜는 잊지 않을게요. 그들이 군말도 없이 이자를 삭감해 주었어요. 다 이 부적의 힘일 겁니다. 정말 감사합니다."

그는 정말 15일 동안을 발이 닳도록 뛰어다니면서 빚쟁이들에게 이자를 삭감해 달라고 빌었다. 더러는 어느 정도의 이자는 받아야 한다고 했지만, 이제 갚을 돈은 십억으로 내려갔다.

"아무리 그래도 당신이 갚을 돈은 십억쯤 되는데, 당신은 이제사업을 하면 안돼요. 취직을 해야 하는데, 아는 사람이 있는 곳에 취직문이 열려 있군요."

그는 한참을 고민하다가,

"청주로 갈까요?"

라고 물었다.

"청주에 누가 있어요?"

"예, 동창이 직장에 다니는데, 가서 허드렛 일이라도 하게 해달라고 사정해 봐야죠."

"그래요. 그 대신 분명히 알아야 할 것은 당신은 열심히 살아야한다는 거예요. 남들보다 두 배, 세 배로 일을 해야 빚을 갚을 수 있어요. 아셨죠? 그 일터에서 가장 성실한 일꾼이 되지 않으면 안돼요. 만일 그렇게 일을 한다면 일 년 안에 좋은 소식이 있겠군요."

"그런데 선생님 제가 건강이 나빠서요. 어찌해야 할지 모르겠어요."

할아버지께서는 나를 통해 부적 네 장을 써서 그에게 내밀게 했다.

석 장은 그가 앞으로 살아가는 데 힘이 될 부적이겠지만, 나머지 한 장은 어떤 용도에 쓰일 것인지 나 자신도 잘 몰랐다.

"이 부적은 집에 가서 태워 가지고 끓인 대춧물에 타서 그냥 마셔 버리라는 군요. 몸이 거뜬해질 거라는데요."

그는 돌아갔다. 그리곤 며칠 뒤 청주로 가는 중이라며 전화가 한 통 걸려왔다. 뿐만 아니라 그 부적을 태워서 대추 끓인 물에 타서 마셨더니 몸이 거뜬해졌다고 감사하다며 다시 연락을 하겠다고 했다.

그 후, 그는 적어도 한 달에 한 번은 전화를 꼭 해왔다. 허드렛일부터 시작을 했지만, 점점 열심히 일하는 그를 눈여겨봐 왔던 사장이 간부로 승진을 시켜 주었다는 소식도 전해왔다. 건축자재를 만들어 파는 일이었는데, 그는 최선을 다해서 일을 했다고 했다. 간부가 되어서도 예전처럼 인부들과 함께 일을 하기도 해서 인부들에게도 존경을 받는 간부가 되었다고도 했다. 빚도 조금씩 갚아나가고 있다며 전화를 할 때마다 고맙다는 말을 잊지 않았다.

"다 선생님 덕이에요. 정말 감사합니다. 제가 어서 일어서야 선생님께 감사의 표시라도 할텐데요……."

그는 아이를 보러 부천에 올 때마다 과일이라도 사가지고 나를 찾았다. 나는 그의 정성이 갸륵해서 날마다 시간이 나면 그를 위해 신께 빌었다. 어서 빚이라도 줄여서 그가 아이와 함께 살 수 있는 환경이 되게 해달라는 기원이었다.

그는 2년만에 그 회사의 건축자재 공장을 맡아 이사 자리에 올랐다. 더구나 그 사장에게는 이혼해서 혼자 사는 딸이 있었는데, 그를 눈여겨봤던 사장이 중매를 서는 바람에 그 둘은 결혼을 하게 되었다.

그는 결혼 후, 아내와 아이까지 데리고 나를 찾아 왔다.

"궁합은 안 봐 주셔도 돼요. 서로 아픔이 있는 탓에 아마 열심히 살 겁니다. 제가 고마운 일은 우리 아이에게 친 엄마처럼 해 준다는 거예요. 선생님께서도 아시겠지만 저야 아이와 함께 살 수만 있다면 소원이 없었던 사람 아닙니까……. 빚은 이제 서서히 갚아가니까 이 상태로 가면 얼마 안가서 다 갚게 되겠지요."

그의 아내와 궁합이라도 봐 주겠다던 나에게 그런 건 필요 없다며 성실히 살아가겠다고 말하는 그를 위해 나는 또 한번 치성을 들여 주었다. 물론 그는 내가 자기를 위해 그렇게 정성껏 치성을 들여 주는 사실을 알 리가 없었다.

그는 청주에서 아들 하나를 더 낳아 기르며 잘 살고 있다. 아직도 그는 내게 안부 전화를 걸어오는 일을 거르지 않는다. 그때마다 그는 '언젠가는 은혜를 갚을 날 있을 것이라' 고 말한다. 여기서 나는 이 일에 보람을 느끼곤 한다.

그러나 이 젊은이와 같이 자신이 어려운 시기에 잘 되게 해주면 신을 잊지 않고 안부라도 묻는 사람이 있는가 하면, 전혀 그렇지 못하고 모른 척 하는 사람들도 더러 있어 나의 가슴을 아프게 만들기도 한다.

그럴 때면 나는 뼈마디까지 저려오는 외로움을 느낀다. 그러나 어찌겠는가? 그것도 내가 안고 가야 할 운명이라면 더 이상의 바람은 욕심이 아니겠는가?

가끔 삶 자체에 대한 외로움을 느낄 때, 나는 강원도에 있는 산을 찾는다. 산 한가운데에 자리하고 앉아 있으면 저절로 가슴이 뿌듯해옴을 느낄 수 있어서이다. 그리고 계곡의 물소리보다 낭랑한 신들의 목소리를 듣고 돌아온다.

남들의 어려움을 풀어 주는 것이 내 일인데, 그들이 당연히 내 곁에 안주하길 바라는 것은 어쩌면 나의 과욕일지도 모른다고 생각하면서 돌아오는 길, 나는 다시 욕심을 버리고 평온한 마음으로 살 것을 맹세하곤 한다.

그래도 우리 신도지요

　사람이 살아가는 세상에서 우리는 알게 모르게 많은 사람들에게 도움을 받으며 살아간다.
　특히 나는 지금까지 많은 사람들의 도움을 받으며 살아왔다. 그러나 그 도움을 받게 될 때에는 언제나 반드시 갚아야 된다고 생각한다.
　내가 가장 어려웠을 때 날 도와 준 고마운 사람들 중에 잊지 못할 사람이 있다. 그분은 어려운 날, 가장 어려웠던 순간에 나와 내 남편을 도와주었고, 나는 그나마 경제적으로 어려움이 해소되었을 때 그 빚을 갚으면서도 아직 그에게 마음의 빚을 벗지 못하고 있다.
　신을 받기 전의 일이다. 남편의 사업이 망해서 나와 남편은 가지고 있던 패물을 팔아서 만든 돈 2백만 원을 가지고 부천으로 내려왔었다. 반지하 월세방 이었던 그 집은 비만 내리면 방까지 차오르는 물 때문에 침대 위에서 물이 빠지기만을 기다려야 할 정도로 비참했다.
　게다가 당시 우리의 형편이라는 것은 쌀 한 됫박으로 몇 날이고 견

여야 할 정도로 어려웠던 때였다. 그리고 툭하면 쌀이 떨어져 남편은 여기저기를 다니면서 동냥이라도 해오듯 돈을 빌려 왔었다.

 하루는 막일이라도 해야겠다며 나갔던 남편이 왼쪽 팔을 다쳐서 돌아왔다. 남편은 해 본 일이라고는 사업뿐이었기 때문에 당연히 막일이 서투를 수밖에 없었다. 일이 서툴러 남편 잘못으로 다친 것이기 때문에 보상도 받을 수 없는 터였다.

 왼쪽 팔의 부상은 보기에도 끔찍하게 가로로 30cm 가량 찢어진 상처였다. 처음에는 그렇게까지 다치지는 않았는데, 바로 병원으로 가지 않고 집으로 오면서 그렇게까지 상처가 커졌다고 했다. 상처에 빨간약을 쏟아 붓고 대충 붕대를 감고 들어선 남편의 팔을 보는 순간 나는 왈칵 눈물이 났다.

 집이라고 별 수 없었다. 쌀도 떨어진 판국에 병원 갈 돈이 있을리 만무였던 것이다. 그렇다고 이사간지 얼마 되지 않은 상태여서 누군가에게 돈을 꾼다는 일도 어려웠다.

 나는 동네 어귀에 있는 약국을 찾았다. 그리곤 무조건 꿇어앉아 사정을 얘기했다. 그 약사는 느닷없는 나의 행동에 놀라 당황하는 빛을 보이더니 바로 약을 챙겨 주었다. 물론 병원을 가봐야 할 상처겠지만, 우선 돈이 구해질 때까지는 상처가 덧나는 일이 없도록 해야 한다며 먹는 약과 상처에 바르고 동여맬 수 있는 약들을 주었다.

 나중에 안 사실이지만 그 약값은 총 1만5천 원이었다.

 그 상처는 그대로 오랜 시간을 끌었다.

 내가 신을 받으면서 어느 정도 형편이 나아지자 나는 과일과 선물들을 들고 그 약국을 찾아갔다. 그리고 그 당시의 고마움을 표시 하며 돈을 갚았다.

만일 그때, 그 약사가 '별 이상한 사람 다 보겠다'며 나의 부탁을 들어 주지 않았더라면 분명 남편은 그 상처로 인해 엄청난 고생을 해야 했을 것이다.

나는 가끔 신당을 찾아와 절박한 사정을 이야기 하다가도 잘 되게 되면 바로 '언제 그랬냐'는 식으로 고개를 돌려 버리는 사람들을 만날 때마다 그때 그 고마왔던 약사를 기억한다.

물론 무당이라는 직업이 안되고 어려운 사람들을 도와주는 일을 하는 사람이겠지만, 나도 인간이기에 그런 일이 벌어질 때마다 한동안 나의 마음을 다스리지 못해 전전긍긍하게 된다.

가끔 나는 이렇듯 나의 마음을 아프게 만들었던 사람 중의 한사람을 기억하면 나도 모르게 신당으로 들어가 '부디 제가 그를 미워하지 않게 해 주십시오' 하고 빌기도 한다. 혹시라도 내가 그에 대한 서운함으로 그를 미워하고 저주하는 마음을 가져 그에게 해가 돌아가는 일이 없길 바라기 때문이다.

그러나 그 일은 사람과 사람의 약속이라는 것이 얼마나 헛되고 허망한 것인지를 절실하게 느끼게 해 주었다. 약속은 반드시 지켜야 한다던 아버지의 말씀처럼 난 사람과 사람 사이의 약속은 서로의 신뢰를 쌓는 일이기 때문에 더 중요하다고 믿어왔었다. 그런 나를 비웃기라도 하듯 그 일은 나의 믿음을 보기 좋게 무너뜨렸기 때문에 더 깊은 상처로 남아 있다.

91년, 늦겨울의 쌀쌀한 날씨가 봄의 걸음을 더디게 만들던 날이었다. 보기 좋게 살이 오른 한 중년 부인이 신당에 들어섰다. 여자는 두 개의 사주를 내밀었다. 인천에서 왔다는 이 부인이 내민 사주를 보니, 남편인 듯싶은 사람의 나이는 44세였고, 성은 양씨였으며, 여자는 40

세로 성은 조씨였다.

그 여자가 내민 사주를 보고 있는데, 순간 할아버지께서 '빈털터리이다' 라고 말씀하셨다. 그리고는 구수하기도 하고 구리기도 한 냄새가 났다. 분명 그 여자의 직업은 냄새나는 것을 다루는 일이었다.

"무슨 장사 하는데 냄새가 나요?"

"예? 아, 거름장사해요. 화초에 주는 거름장사요."

그런데 이어서 여러 채의 집들이 보였다.

"집장사도 했어요?"

"아, 그건 오래 전 얘기예요. 거름장사 하기 전에 부동산 투기를 좀 했어요. 그런데 전문 투기꾼에게 당해서 한 번에 다 날리고, 지금은 거름장사를 하고 있는데, 통 팔리지 않아서 뭘 하고 살아야할까 싶어서 찾아뵌 거예요."

"그런데 복채는 어떻게 마련해 왔어요? 완전 빈털터리인데……."

"아니, 그걸 어떻게 아셨어요?"

그 부인은 얼굴을 붉히면서 고개를 숙이더니 '빚을 내서 왔다' 고 개미 목소리 만하게 숨죽여 말했다.

그 부인은 후덕한 몸매에 비해 얼굴은 속된 말로 팔자가 사납다고 말하는 상이었다. 광대뼈도 튀어나오고 얼굴도 검은 편이어서 그리 귀티는 나지 않았지만 분명 큰 운이 들어 있는 사주였다.

"당신 운들었어요. 너무 가진 게 없어서 그런 말하기에도 뭐하지만, 그러니 나한테 운을 받는 일을 해요. 그리고 나서는 더도말고 덜도말고 3년만 내가 시키는 대로 하면 부자 만들어 줄게요."

"하지만 굿을 하려면 돈이 많이 들 텐데요. 사실 이 복채 빚내서 오는 것도 무척 힘들었거든요. 부동산 투기할 때는 안 그랬는데, 요즘은

통 누구한테 돈 빌리기도 힘들어놔서……."

"알아요. 하지만 신의 일은 공짜로는 못해요. 그러니 어떡하든 30만 원만 만들어 가지고 오세요."

그래서 다음 날부터 치성을 드리기 시작해 굿을 하게 되었다. 한참 굿을 하고 있는 도중에 나는 두손을 모아 정신없이 빌고 있는 그 여자에게,

"당신, 3~4월에 이사가겠네. 뜻하지 않았던 곳으로 이사가요. 그 대신 기름장사는 그만 두어야겠어."
라는 공수를 내렸다.

"네, 네……. 예? 아니, 무슨 수로 이사를 간데요? 지금 형편이면 이사는커녕 죽지도 못할 형편인데요. 그리고 기름장사 그만두면 뭐해 먹고 살아요?"

사람은 항시 지금의 상태를 보고 미래를 암담하거나 희망적인 것으로 생각하게 마련이다. 지금 현재가 암담하기 이를 데 없는 상황에서 하던 일마저 그만 두라면 난감하게 생각되는 것은 당연한 일이었다.

더구나 그 부인은 그 당시 보증금 1백만 원에 월세 10만 원하는 월세방에서 근근이 살고 있는 형편이었고, 그것도 열자 밖에 안 되는 단칸방에서 다섯 식구가 뒤엉켜 살고 있었기 때문에 얼마 남지 않은 3~4월에 이사를 간다는 말은 아무리 신의 말이어도 믿기가 힘들었을 것이다.

"간다면 가나보다 할 것이지 뭘 그렇게 말이 많아?"

내 말에 그 부인은 움찔 하더니 이내,

"네, 네……"

하면서도 믿지 않는 얼굴이었다. 들어오는 운이 제대로 주인을 찾아

가도록 굿을 해 주고는 그 부인이 돌아간 후에도 나는 할아버지께 그 부부가 앞으로 대운을 받아 잘 살 수 있도록 간절히 기도를 드렸다.

그렇게 굿을 한 지 한 달 남짓 만에 그 부인이 허겁지겁 나를 찾아왔다.

"아이구, 보살님. 세상에 이사간다고 하시더니 글쎄 임대 아파트가 됐어요. 어쩌면 그렇게 쪽집게세요. 그때는 하도 어처구니없는 말씀이라 믿지도 않았거든요. 그런데 이게 무슨 일이래요?"

인천의 18평짜리 임대 아파트가 당첨된 그 부인은 흥분된 상태였다. 그러나 그것도 잠시, 나를 찾은 이유는 다른 데 있었다. 막상 임대 아파트는 당첨이 되었지만 아파트에 입주를 하려면 4백만 원 이라는 돈이 필요했던 것이다.

"보살님, 어쩐데요? 이제 어떻게 하면 좋을지 말씀 좀 해 주세요. 남의 집 살이로 근근이 애들 학교 보내고 입에 풀칠만 하는 우리가 어떻게 그 큰돈을 마련할 수 있는지 말씀 좀 해 주세요."

"이제 화원에서 일하던 거 그만두고 다시 거름장사를 시작해요. 그리고 아직 아파트 입주까지는 3개월이라는 기간이 있으니까, 일단 내가 시키는 대로만 해보세요."

"얼마 전까지만 해도 팔리지 않던 거름이 이제 와서 팔릴까요? 만일 팔린다고 해도 과연 3개월 안에 4백만 원을 벌 수 있을까도 의문이구요."

그 부인은 그동안에도 팔리지 않던 거름을 이제 와서 다시 팔라는 나의 말에 의아해했지만 그래도 한 가닥 믿음으로 거름 장사를 시작했다.

남의 화원에서 나무를 돌보거나 팔면서 근근이 입에 풀칠을 하고 살

앉던 두 부부는 다시 거름 장사를 시작하면서도 그리 마음이 편하지는 않았다.

천막 창고에 하나 가득 만들어 놓았던 거름이 안 팔려 물건만을 쟁여 두었던 것이 한 달 전인데, 이제 와서 다시 거름 장사를 시작한다는 것이 썩 내키는 일은 아니었지만, 그동안 자신들의 일을 맞추었던 나를 전혀 무시할 수는 없었던 것 같았다.

마침 때는 3월, 거름은 웬일인지 불티나게 팔려 나갔다. 잔뜩 쌓아 두었던 거름은 물론, 팔려나가는 물량을 공급하기 위해 밤낮 가리지 않고 더 만들어야 하는 상황까지 벌어졌다. 신의 말을 전하는 나로서도 신기한 일이 아닐 수 없었다.

거름이라는 것이 시류를 타는 물건이라고 할 수도 없는 처지여서 그렇게 말해 놓고도 찜찜해했던 나 자신도 신기해하지 않을 수 없었다.

결국 두 달 만에 그들 부부는 3백만 원을 벌 수 있었다.

"보살님, 신의 기적이에요. 이런 일이 어떻게 일어날 것이라고 생각이나 했겠어요? 정말 감사합니다. 그런데 남은 백만 원은 어쩐데요?"

"친구한테 가봐요. 가장 먼저 생각나는 친구한테 말이에요. 아마 이자도 안받고 빌려 줄 거예요."

그 부인은 내 말대로 친구에게 찾아 갔고, 그 친구는 '단칸 셋방을 벗어나는 일인데 어찌 도와주지 않겠냐'며 흔쾌히 백만 원을 빌려주었다. 그래서 그들 식구는 3남매와 두 부부가 살 수 있는 아파트로 이사를 가게 되었던 것이다.

방 두 칸의 아파트로 이사를 가서도 계속해서 거름 장사를 하고 있던 그 부인이 하루는 나를 찾아와,

"계속해서 거름 장사를 해야겠어요……?"

며 물어왔다.

"아니, 조금만 있으면 운수업을 하게 될 거예요 기다려 봐요."

"예? 뭐라구요? 저희가 어떻게 운수업을 한대요? 해 본 적도 없는데……."

"글쎄, 함께 하자는 사람이 나타날 테니 그러면 무슨 수를 쓰더라도 꼭 함께 해요. 그러면 결코 후회하는 일이 없을 테니……."

몇 달이 지나지 않아 그 부인은 누가 마을버스 운행을 함께 하자고 했다며 나를 찾아왔다.

"마을버스니까 운수업 아니에요? 세상에 어쩌면 그걸 그렇게 다 아셨어요? 정말 보살님은 쪽집게세요. 그런데 그 사람이 8천만 원을 투자 하라고 그러는데, 우리 형편에 백만 원도 아니고 8천만 원이 어디 있데요?"

"아는 사람들 찾아다니며 사정 얘기를 해봐요. 돈은 마련 될 거야."

"아는 사람이라면……. 글쎄, 돈이 있을 법한 사람은 예전에 부동산 투기 할 때 알았던 사람들뿐인데, 그들은 우리가 망한 거 다 아는데 뭘 믿고 돈을 빌려주겠어요?"

"글쎄, 부동산 투기할 때 아는 사람이건 친구건 다 찾아다녀봐요. 분명히 돈은 돼요. 걱정하지 말고……."

그래서 그 부인은 부동산업을 할 때 알았던 사람들을 찾아다니면서 8천만 원을 구해 마을버스 운행을 시작했다. 그리고 아파트촌과 전철역을 노선으로 하는 그 마을버스에는 점차 승객이 늘어갔다.

처음 운수업을 할 때 졌던 빚을 거의 갚아가고 있을 때, 부인은 치성을 드린다고 30만원을 들고 다시 나를 찾아왔다.

"할아버지께서 마을버스가 열두 대로 늘어난다고 하는데?"

"예에? 사실 지금은 버스가 승객을 수용하기에 너무 적어요. 하지만 빚 갚느라 버스를 늘릴 엄두도 못내고 있는데……."

그러나 그 부인의 우려와는 달리 마을버스는 몇 달도 안돼 열두 대로 늘어났다.

그러던 어느 날, 부인은 재수 좀 좋게 해달라며 치성을 드리러 신당을 찾았다.

"보살님, 이 은혜를 어떻게 갚아야 옳을까요? 제가 돈을 벌면 보살님 조용한 곳에 암자나 하나 지어드릴게요. 약속해요. 꼭 지어드릴게요."

바랐던 일은 아니었지만, 그 부인의 말에 나는 감동을 하지 않을 수 없었다. 무당에게 기도를 하거나 영안을 밝힐 수 있는 암자를 갖는 일은 누구나 바라는 일이 아닐 수 없다. 더구나 그것이 신의 일을 해서 번 돈이 아닌, 신도가 지어 준 암자라면 세상에 자랑할 만한 일이 아닐 수 없었다.

"고마워요. 마음이라도 감사히 받겠어요."

"무슨 말씀이세요? 마음이라니요? 아니에요. 제가 어떻게 이렇게까지 되었는데요. 아니에요. 반드시 암자를 지어드리겠어요. 그보다 더한 일도 해드릴 수 있는데, 뭘 그까짓 걸 가지고 그렇게 감동하세요. 두고보세요 반드시 조용하고 한적한 곳의 땅을 사서 깨끗한 암자를 지어드릴 테니……."

"그나저나 법인체로 등록되겠어요."

"네? 그게 무슨 말이에요?"

"무슨 얘기는 무슨 얘기예요? 시내버스로 등록될 수 있으니 그 일을 추진하라는 것이지……."

"에이, 마을버스가 겨우 열두 대인데 무슨 시내버스요. 하지만 할아버지께서 그러셨다면 믿어야죠. 알았습니다 시키시는 대로할게요. 보살님만 믿습니다."

결국 다음 해에 그 부인이 운영하던 마을버스 회사는 법인 등록이 되어 인천의 J운수라는 회사를 차리게 되었다.

그러던 중 그 부인이 하루는 날 찾아 와서 인감이 필요하다고 했다. 이유는 주식회사를 차리게 되니까 감사가 필요한데, 내게 그 역할을 해달라는 것이었다. 게다가 그 회사 주식의 1천5백 주를 주겠다고 했다.

그렇게 2년이 지나면서 그 부인은 J운수로 대단한 갑부가 되었다. 그러나 그 운수회사가 잘 되어 성공을 거두면서 그 부인은 서서히 전화도 끊고 발길도 끊었다. 그동안 내가 안부를 묻기 위해 회사로 전화를 할 때마다 '부재 중'이라는 말만 들었고, 메모를 남겼으나 전화조차 오지 않았다.

나를 감사로 앉히겠다며 가져갔던 인감도 무용지물이 되었던 것이다. 더구나 조용한 곳의 암자는커녕 1천5백 주의 약속했던 주식조차도 물거품이 되고 말았던 것이다.

그런 그 부인의 행동에 대해 처음에는 그저 '바쁘기 때문이겠거니……' 하고 생각했지만, 점차 시간이 흐르자 배신감마저 느끼게 되었다. 그리고 그 부인이 내게 했던 약속들이 모두 헛된 것이었다고 생각하니 가슴이 허허로워 졌다. 그 동안 3년을 한결같이 친자매처럼 걱정을 하면서 정성을 다해 그들이 부자가 되기만을 빌었었는데…….

나는 그들에게 언제까지나 신의 말씀대로 살아갈 것을 바랐을 뿐이다.

그러나 그는 딱 3년 동안만 신을 찾았을 뿐, 그 후로는 다시 나도 신도 찾지 않았다.

그렇게 그들을 잊으면서 살아가던 어느 날, 나는 지역 신문의 한 귀퉁이에서 그 부인의 남편이 자살했다는 소식을 접했다. 그는 버스를 몰고 남의 집 담장을 들이받으며 스스로 목숨을 끊었다는 것이다.

나는 갑자기 가슴이 서늘해졌다. 할아버지의 노한 모습이 눈에 선했기 때문이었다. 분명 신의 노여움이 아니었을까……. 나는 갑자기 그렇게 희생된 그 부인의 남편이 가여워졌다. 더구나 아직 장성하지 않았을 그 아이들이 생각났다. 얼마나 충격이 컸을까? 차라리 사고로 죽었다면 하늘을 원망하고 말았겠지만, 자신의 아버지가 자살을 했다는 것은 분명 아이들에게 커다란 상처로 오랫동안 남아 있을 것이다.

나는 그 소식을 접하면서 신당에 들어가 신들에게 빌었다. 부디 그 혼이 편안한 곳으로 돌아가 가족들을 지켜 주는 혼령이 되기를 간절히 빌었던 것이다.

그리곤 그 부인과 아이들의 소식을 들으려고 애썼다. 만일 그들에게 불행이 있다면 기꺼이 도와주고 싶었기 때문이었다. 다행히 나에게 그들의 소식을 전해 주었던 사람의 말에 의하면, 그 부인은 여전히 씩씩하게 J운수를 운영하고 있으며 여전히 돈도 많이 벌고 있다는 것이다.

나는 그날, 신당에 들어가 다시 감사의 기도를 드렸다.

"할아버지 감사합니다. 그들에게 무슨 죄가 있겠어요? 죄가 있다면 그들이 언제나 내 곁에 있기를 바랐던 나의 욕심이 죄가 되겠지요. 어쨌든 감사합니다. 찾아오지 않아도 할아버지께서 살려놓으신 우리의 신도잖아요. 부디 이제는 노여움 푸시고 오래도록 돌봐 주세요."

그때 나는 할아버지의 낭랑한 목소리를 들었다.

"아가, 그들은 이제 나의 신도가 아니니라. 그리고 너도 이제 그들을 잊어라."

신의 뜻이니

　신들이 가장 싫어하는 일 중의 하나가 바로 땀 흘려 일하지 않고 일확천금을 노리는 것이다.
　내가 신을 처음 받을 때, 주신이신 사명대사 할아버지께서는 '정의·정심·정도'를 강조하셨다. 때문에 나는 노력 없이 버는 돈을 단 한번도 생각해본 적이 없었다.
　부천과 시흥 일대에서 '쪽집게'로 유명세를 타면서 어느 정도 돈을 벌게 되었을 때에도 나는 가지고 있는 돈을 나 아닌 타인을 위해 쓸 수 있는 계기를 언제나 바랐을 뿐, 그 돈으로 노후의 편안한 삶을 위해 축적해 두어야겠다는 생각은 추호도 해 본 일이 없었다. 그리고 그것이 내가 모시는 신들의 뜻이겠거니 믿고 있었던 것이다.
　그런데 언젠가 한번, 할아버지께서는 도박으로 한 사람의 빚을 갚아 준 일이 있었다. 늘 할아버지의 말씀대로 행동했던 나 자신도 깜짝 놀랄 일이 아닐 수 없었고, 그 일은 그만큼 오랫동안 나의 뇌리에 자리잡고 있었다.

어느 날, 포천에 살고 있다는 서른다섯 살의 한 남자가 날 찾아왔다. 성은 이씨였고, 외모는 한눈에 봐도 귀티가 나는 부유층 자제로 보였다.

그런데 우스운 일은, 그가 신당에 들어와 내게 사주를 내밀자 나도 모르게 명함 상자에서 명함을 꺼내어 '척척' 소리까지 내가면서 화투를 치듯이 쳤다. 그러더니 영화에서나 볼 수 있는 것처럼 카드를 섞듯 명함을 양손에 나눠쥐고 섞었다.

옆에 앉아 나를 바라보던 그 남자는 눈을 휘둥그래 뜨고 나를 쳐다보았다. 그러나 나는 전혀 내 행동을 제어하지 못하고 갑자기 '똑딱똑딱…' 하면서 혀로 소리를 내고 있었다.

나 자신도 내 행동에 대해 놀라지 않을 수 없었다. 나는 '이게 뭐지?' 하고 생각했다. 그랬더니 할아버지께서는 '그래서 무슨 세상 정사를 보겠느냐? 노름하고 경마 아니냐?'고 하셨다.

"당신, 포커와 경마로 돈 다 날렸어요?"
"예에? 그걸 어떻게 아셨어요?"
"이제보니 알거지네요. 부모 돈까지 다 탕진하고 이제는 죽을 일만 남았군요…"

고개를 떨구던 그는 눈물까지 글썽이면서,
"살려 주실 수 있으세요? 죽고 싶습니다."
라고 말했다.

"그럼 죽으면 되겠네요. 아니 돈을 벌어서 부모님께 효자 노릇은 못해도 노름이나 하자고 부모 돈을 탕진해 부모까지 거지로 만들고 살면 뭐해요?"

그는 고개도 들지 못하고 그저 방바닥에 손가락으로 알 수 없는 손 그리기만 해댔다.

"뭐하는 사람이에요? 외국인들 만나는 직업 같은데……."

"네, 외국 바이어들 만나서 원자재를 사서 국내에 파는 일을 했어요."

"그런데 재주는 많이 가지고 있는 사람이 그 재주를 왜 그렇게 허망한데 썼어요? 그러니 그렇게 망하지……."

"한 번만 살려 주시면 절대 포커든 경마든 하지 않겠습니다. 한번만 봐 주세요."

그는 갑자기 나의 말에 희망을 가졌는지 바짝 다가앉으며 '한번만 살려 달라'고 간절히 애원하고 있었다.

점사를 살펴보니 절대절명의 위기는 아니었다. 어느 정도 운이 들어 있던 상태여서 굿을 하면 괜찮아질 것 같았다.

그래서 좋은 날을 받아 재수굿을 했다. 운을 제대로 받을 수 있는 굿이었다. 그리고 나는 그에게 다시는 노름을 하지 않겠다는 약조를 단단히 받아두었다. 그 역시 나와의 약속을 지키기 위해 성실하게 일을 했다. 그러면서 하나의 원자재를 수입하기 위해 계약을 맺을 때에도 그는 하나하나 신께 여쭤보고 결정을 했다.

신은 신을 믿고 따르는 사람에게 절대 배신을 하는 경우가 없다. 만일 배신을 한다면 그것은 인간들일 뿐, 신은 약속한 일을 차근히 풀어주고 그가 잘 되는 쪽으로 항상 유도해 준다. 그 청년은 최대의 위기를 모면하고 어느 정도 자리를 잡아가고 있었다. 빚은 다 갚지 못했지만 전셋집이라도 얻을 수 있었고, 부모님도 편안히 모시게 되었다.

그러던 어느 날, 나는 신당에서 그의 전화를 받았다.

"선생님, 저 며칠 있다가 일본에 가야 하는데 중요한 계약이어서요. 어쩔까 하고 전화 드렸어요. 그쪽에서 지금 결정을 내려 달래서 전화를 드린건데, 어떻게 할까요?"

그런데 중요한 것은 그 다음의 내 대답이었다. 나는 나도 모르게,

"으응, 그래요. 일본 가서 하는 일은 잘 될 거야. 그 일 때문에 좋은 일도 생길 거고……. 그런데 일본가면 포커 한 번만 더해. 알았지?"

라고 말하고는 전화를 끊어버린 것이었다. 나는 등줄기에서 식은땀이 흘렀다. 아니, 일본 가더라도 포커만은 절대 하지 말라고 해야만 했는데 나도 모르게 '한번만 더하라'고 했던 것이다. 나는 할아버지께 꾸중들을 생각에 나도 모르게 내 입을 때리면서,

"할아버지 잘못했어요. 이게 웬 망발이에요? 다시 전화해서 말할게요. 잘못했어요."

했다.

'아가, 아니다. 전화할 거 없어. 내가 한 말이야.'

나는 힘이 쑥 빠졌다. 아니, 세상에 일원 한 푼도 투기나 노름으로 돈 버는 것은 용납을 안 하시는 양반이 그것도 외국 땅으로 가서 노름을 하라니, 속된 말로 망녕이 난 것은 아닐까, 하는 생각까지 하게 되었다.

며칠이 지나고 그가 히벌쭉 웃으며 나를 찾아왔다.

"선생님, 대단하십니다. 노름해서 돈 따가지고 빚 갚기는 처음입니다."

사건의 전말은 이랬다. 그가 일본에 도착하자마자 계약은 일사천리로 순조롭게 이루어졌다. 그래서 내가 한 말도 있고 해서 묵었던 호텔을 나와 시내의 카지노에 들어가 카드를 하게 되었다. 판은 커졌지만

전세는 그에게 유리한 쪽으로 흘러갔다.

결국 그는 우리 돈으로 5천만 원이라는 돈을 따게 되었다. 그때 갑자기 그는 식은땀이 흐르면서 지금 일어난 일을 어떻게 수습해야 할지를 몰랐다.

'아, 신령님, 잘못했습니다. 이번만 무사히 지나게 해 주신다면 다시는 노름에 손을 대지 않겠습니다. 그리고 이 험한 카지노에서 무사히 빠져 나가게만 해 주시면 그 은혜는 절대 잊지 않겠습니다……'

가슴에 품고 있었던 부적에 손을 대고 그는 간절히 빌었다. 아무리 '한 번만 더해' 라고 했지만 이것은 분명 시험일 것 같았던 것이다. 더구나 이국땅에서 그 유명한 야쿠자들이 있는 카지노를 이렇게 많은 돈을 따가지고 무사히 나오기란 쉬운 일이 아닐 것 같았다.

그러나 그는 아무 일 없이 무사히 그 돈을 가지고 카지노를 빠져 나올 수 있었다. 귀국 즉시 그는 빚으로 남아 있던 5천만 원을 카지노에서 딴 돈으로 한꺼번에 갚아버렸다. 그리고 할아버지께 인사를 드리러 나를 찾아왔다.

"이제 다시는 노름 안 할 겁니다. 얼마나 무서웠는지 아세요? 물론 돈이 자꾸 들어 올 때는 몰랐죠. 그런데 신기하게도 딱 5천만 원이 되니까, 정신이 번쩍 들더라구요. 그리고 아마 그렇게 많은 돈을 따서 그곳을 빠져나온 외국인은 거의 없을 겁니다. 이게 신의 교육이겠거니 생각하고 이제는 올바른 일만 하면서 살랍니다. 어쨌든 선생님, 감사합니다."

그는 정성껏 절을 한 다음 돌아가서도 늘 새로운 일만 시작되면 전화라도 해서 할아버지께 의견을 묻곤 했다. 그리고 농담처럼,

"요즘도 노름하지?"

라고 물으면,

"다 아시면서 웬 장난이십니까?"

라고 응수한다. 명절에 친척들끼리 모여 앉아 하는 친목 도모 화투놀이에도 손을 안 댄다는 것이었다.

현재 그는 안성에 살고 있는데, 며칠 전 작게나마 땅을 사서 그곳에 건물을 짓게 되었다고 연락을 해왔다. 그리고 그 건물을 지어 새로운 일을 해야 하는데 한번 찾아와 자세히 의논하겠다는 것이었다. 나는 아무 염려 말고 추진하고 있던 일을 밀어 부치라고 말했다.

그렇게 사명대사 할아버지께서는 나나 다른 사람들을 가끔 놀라게 만드는 일을 서슴지 않고 하신다. 아마도 젊은 나이에 열심히 해도 빚 갚기가 어렵다는 것을 아시고 한 번 노름으로 돈을 벌게 하셨던 것 같다. 게다가 사명대사 할아버지께서 일본에서 그런 일을 역사 하신 것은 일본에 대한 미움이 아직도 남아 있기 때문이 아닌가 싶다.

또 한번은 거의 반 강제로 떼를 써서 저지른 일이었지만, 그래도 한 집을 살리고 한 명의 착실한 신도를 얻게 된 일이 있었다.

그 일도 사실 할아버지께서 바라셨던 일은 아닐 것이다. 그때 나는 그 여자의 '자식이 대학을 그만 두어야 할 처지'라는 말에 두 시간을 졸라 할아버지를 끌여 들였던 것이다.

어느 날이었다. 한 여자가 찾아왔는데, 귀티가 나고 통통하게 살집이 있는 여자였다. 그런데 그 여자는 경마로 두 채나 되던 집을 다 날려 남편에게도 눈총을 받고 아이들에게도 눈치를 받고 있던 터였다.

이제 얼마 안 있으면 집이 경매 처분을 받게 되었기 때문에 하도 답답해서 나를 찾아왔던 것이다.

"어떻게 해요. 뭘 해서든 집을 한 채라도 찾아야죠. 대학 다니는 아들놈이 학교를 그만두고 벌이를 하겠다고 해요. 남편도 아이들도 똑바로 볼 수가 없어요……."

현재 살고 있는 집은 융자를 빼 썼는데, 그 돈만 갚으면 그 집은 비우지 않아도 된다는 것이었다.

'할아버지, 한 번에 돈 벌 수 있는 길은 딱 한 가지예요. 저 여자가 하던 일을 한 번만 성공하게 해 주시면 되요.'

'무슨 망발이야? 경마를 해서 돈을 벌게 해 주자는 거냐?'

'할아버지……. 아들이 학교를 그만 두어야 한다잖아요. 부모 둔 에미가 자식을 위해 다른 일은 할 수 없을지언정 자신의 잘못으로 저 지경이 되어서 아들마저 학교를 그만 둔다면 어떻게 살겠어요?'

결국 두어 시간에 걸쳐 떼를 써 그 부인은 한 번의 기회를 갖게 되었다.

"아줌마, 이번에 가면 아줌마가 찍은 말 말구 가장 비루먹은 말에 돈을 다 걸어요. 아셨죠?"

"에이구, 그런 말하지 마세요. 제가 경마한 지 6년이에요. 비루먹은 말이 우승하기란 하늘에서 별따기란 말예요."

"맘대루해요. 나는 그대로 전했으니……."

"얼마나 걸어요?"

비루먹은 말에 돈을 다 걸라는 나의 말에 의심을 품었던 그 부인은 그래도 한 가닥 지푸라기라도 잡는다는 심정이었는지 얼마나 걸어야 하느냐고 물었다.

"총 천오백만 원 있네 뭐. 그거 다 걸어요."

"아니 어떻게 아셨어요? 하지만 그 돈 날리면 전 죽어요."

"아, 글쎄 내 말을 듣든 안 듣든 당신 마음이라니까요."

그 부인은 다음 경마에 돈을 들고 가서는 천삼백만 원은 가장 전망이 없는 말에, 이백만 원은 자신이 봤을 때 가장 전망이 좋은말에 걸었다. 그런데 전망이라고는 전혀 없었던 말은 999가 터져 일확천금을 하게 되었다.

그러나 전망이 있다고 생각했던 말은 꼴찌를 하다시피 해 걸었던 돈 이백만 원을 몽땅 잃었다.

그렇게 딴 돈으로 그 부인은 융자를 갚아 그나마 남은 집 한 채를 건지게 되었다. 그 후, 그 부인은 백만 원이라는 거금을 들고 나를 찾아와 신당에 바치고 정성을 다해 치성을 드리고 갔다.

"아줌마, 그거 아셔야 해요. 딱 한번 이었다는거요. 할아버지는 노름이나 투기 같은 건 딱 질색이시기 때문에 이번 일 믿고 괜히 한 번 더 했다가는 몽땅 잃게 돼요."

"아이구, 보살님도 그런 걱정일랑 마세요. 저 이제는 집에서 착실하게 살림하면서 뭐 건전한 부업거리나 찾아 볼 거예요. 애들 아버지가 워낙 성품이 곧아서 승진이 잘 안되거든요. 이사로 승진할 때까지만 파출부라도 해서 대학 다니는 아들 배우고 싶어하는거 많은데, 학원비나 벌어볼까 하는 걸요."

그렇게 돌아간 그 부인은 몇 달이 지난 후,

"이게 신령님의 선물이죠? 제가 착실하게 사니까 기특해서 주신 선물이죠?"

라며 나를 찾았다. 그 이유는 생각지도 않았던 남편의 승진이 이루어졌던 것이다.

그 부인은 과일이며 쌀을 사가지고 찾아와 신당에 정성껏 차려놓고 치성을 드렸다. 그리곤 별다른 일이 없어도 초하루나 보름이 되면 신당을 찾아와 초라도 켜고 돌아가는 착실한 신도가 되었다.

죽은 사람 사주

지난 해였다. 나는 죽은 사람의 혼령이 좀처럼 떨어지지 않아 애를 먹은 적이 있었다.

원래 무당이란 신과 대화를 하는 사람으로, 혼령과는 친하다고 해도 과언이 아니다.

지치도록 더웠던 날씨의 뒤끝이라 선들 부는 가을바람이 한결 시원스럽게 느껴지던 무렵, 나는 한 통의 전화를 받았다.

"저, 혹시 곤란한 질문이 될런지도 모르겠는데요. 전화로도 봐주실 수 있으신가 해서요……."

목소리는 차분하게 가라앉아 있었다. 더러 죽음을 앞둔 사람을 병원에 두고 자리를 뜰 수 없어 전화로 언제나 이 고통에서 벗어날 수 있느냐는 질문을 해오는 사람들이 있었다. 이번에도 그런 것이려니 해서 사주를 불러 보라고 했다.

그런데 전화선을 타고 들려온 생년월일은 갑자기 나의 등줄기를 서늘하게 만드는 것이 아닌가?

그때 나는 신당에 앉아 있었는데, 사명대사 할아버지께서 하시는 말씀이 '죽었다'였다. 내 몸은 부들부들 떨리고 있었다. 도저히 나 자신도 어쩔 수 없을 정도로 몸은 떨려왔고, 나는 부화가 치밀어 올라 전화에 대고 소리를 질러버렸다.

"아니, 이 사람이 누굴 놀리나? 왜 죽은 사람 사주는 넣고 난리야? 지금 장난하는 거예요?"

그러자 전화 저 쪽의 소리는 너무도 경악스러운 듯,

"아니, 선생님. 그분이 죽었어요?"

였다.

"그래요. 죽었어요. 몰랐단 말이에요? 내참, 별일을 다 당하네."

그러면서 나는 수화기를 팽개치듯 내려 놓았다. 그러나 전화벨 소리는 그악스럽게 다시 울려왔다.

"선생님, 도와주십시오. 지금 금방 찾아뵙겠습니다."

전화를 끊고도 내 몸은 진정이 되질 않았다. 혼령이 이미 내 몸 안으로 들어와 버린 것이다. 주체할 수 없을 정도로 떨리는 몸을 추스리며 앉아 있자니 한 시간이 채 되지 않아 전화의 주인공이 신당으로 들어섰다.

"아이구, 조카야…… 나좀 건져도고……."

막 신당 안으로 들어선 남자의 손을 잡고 나는 눈물을 펑펑 쏟았다. 그때의 나는 이미 무당 심진송이 아니었다. 내 몸을 빌어 들어와 있는 혼령은 그저,

"나를 좀 건져도고……."

하고 울어대기만 했다.

"네, 네…… 알았으니 차근히 그날 일부터 말씀을 해보세요."

그 혼령의 조카 되는 사람은 내 손을 붙들고 이렇게 말했다. 나의 이런 급작스런 행동에도 그 조카라는 사람은 죽은 혼령이 씌인 무당에게는 어떻게 해야 하는지 잘 알고 있는 양 전혀 당황하는 빛이 없이 차분했다. 그제서야 혼령은 정신을 수습한 듯 내가 알지도 못하는 '그날' 일을 줄줄 말하는 것이었다.

그때 혼령의 육신은 이미 죽어서 어딘가에 버려져 있는 상태였다. 그래서 시작한 일이 당시 방영되었던 sbs TV의 〈그것이 알고 싶다〉 '실종' 편이었다.

당시 그것이 방영될 때에는 나의 예언대로 했다고 밝혀지지는 않았지만, 나는 sbs팀들과 그 실종된 사람의 시체를 찾기에 이르렀다.

그 혼령은 안면이 있는 사람에 의해 유괴되어 둔탁한 것으로 머리를 맞고 쓰러져 낚싯줄로 목을 졸린 상태였으며, 그 범인들은 그렇게 한 것도 모자라 시체를 토막내 어떤 저수지에 수장을 시켜버린 것이었다.

나는 그 혼령을 그 지경으로 만든 사람들의 인상 착의를 줄줄 말하고 있었다. 그러나 나를 찾아온 사람들은 좀더 확실한 증거가 있어야 했다. 그래서 결국 나는 종이에 그들의 몽타주를 그리게 된 것이다.

한편 내가 그려낸 사람들은 안 그래도 범인으로 의심을 받고 있던 사람들이었기 때문에 경찰에서는 그들을 범인으로 체포했다.

그들은 경찰에서 범행 일체를 시인했다가는 다시 번복하고 또 시인했다가 번복하는 일을 반복하고 있었다.

경찰에서 그러는 동안 나는 sbs팀들과 함께 그 문제의 저수지를 찾으러 떠났다. 몇몇 군데의 저수지를 갔어도 아무런 반응이 없던 내가 그 문제의 저수지에 도착하니 다시 온몸이 떨리기 시작했다. 그래서 함께 간 스쿠버들은 잠수를 시작했고, 토막낸 시체의 일부분이라도 찾아보려고 무진 애를 썼다.

그러나 시체를 찾는 일은 불가능했다. 심한 가뭄으로 수심이 너무 얕았고, 게다가 바닥은 갯벌을 방불케 할 정도로 진탕이었다. 더욱이 그 진탕의 깊이는 사람의 몸이 반이나 잠길 정도였다니 당연히 시체를 찾는 일은 불가능할 수밖에 없는 일이었다.

몇 시간을 그렇게 애를 쓰다 결국 포기하고 말았다.

그런데 문제는 경찰에서 범인들이 자백을 번복했던 것이다. 그들은 자기들을 진짜 범인으로 생각한다면 시체를 찾아오라는 것이었다. sbs의 〈그것이 알고 싶다〉 촬영 팀과 함께 갔던 경찰과 나는 혼신의 힘을 다했지만, 결국 시체를 찾지 못해 그들은 증거불충분으로 무죄석방 되었다. 그 일을 치르며 나는 몸이 많이 힘들었다. 더구나 지병으로 협심증이 있는 터라 더욱 고생을 하게 되었다. 그리고 많은 사람들은 나를 향해 '어떻게 그렇게 범인을 맞추느냐.'며 혀를 내둘렀지만, 나는 그 일이 있은 후, 한동안 사람에 대해 회의를 했다.

겉으로야 태연한 척 했지만 내 마음속에는 오로지 인간이 돈 때문에 인간을 그토록 잔인하게 죽일 수도 있다는 사실에 치를 떨었다. 그리고 하늘이 야속하기도 했다. 어찌됐든 하늘이 선한 자의 편이라면 그 시체는 찾아져야 하며, 그 범인들도 죽은 사람과 똑같은 고통을 당해야 한다고 생각했다.

그런 생각이 들자 모두가 다 보기 싫어졌다. 그래서 나는 한동안 예약 때문에 불가피한 손님을 제외하고는 아무리 친분을 통해 연락해도 다른 손님은 받지 않았다.

'내게 그 시체를 건져낼 수 있는 힘이 있었더라면…….'

하는 자책감마저 들어, 나는 신당에 앉아 억울하게 죽어간 그 혼령이 편안한 곳으로 가도록 기도를 드렸다.

더러 나는 죽게 된 사람의 점을 보게 되는 경우가 있다. 그럴 때마다 과연 이 말을 어떻게 가족들에게 전하나, 하는 생각으로 잠시 망설이곤 한다.

혹시 살 수도 있을 거라는 희망을 가지고 있는 사람들에게 언제쯤 죽는다는 말을 해야 할 때, 나는 내 능력을 거부하고 싶을 때도 있었다. 대개는 죽음을 짐작하고 오는 경우도 있지만, 그래도 누군가 완전한 이별을 준비하고 있다는 사실을 내가 앞서 말한다는 사실이 나 자신도 어려울 때가 있는 것이다.

그러나 지난해의 '실종'은 나로서는 감당하기 어려울 만큼 힘든 일이었다.

김일성 사망 예언

　　부천과 시흥 일대 뿐 아니라 멀리는 제주도나 외국에서도 아름아름으로 찾아온 신도들이 심심찮게 찾아 올 무렵, 나를 온 세상에 알리게 했던 일이 있었다.
　　94년 「월간조선」 5월 호를 통해 나는 김일성의 사망을 예언했고, 그 예언은 현실로 나타나게 되었다.
　　그 일로 나는 많은 사람들에게 '쪽집게'로 회자되기 시작했고, 방송 사상 유래없이 정규 뉴스 프로그램에까지 초대를 받을 정도로 유명세를 치렀다.
　　94년 4월, 어떤 젊은 청년이 신당으로 들어섰다. 말쑥하고 날카로와 보이는 얼굴이 예삿일을 하는 젊은이로 보이지는 않았다. 그는 말없이 한 사람의 사주를 내놓았다.
　　임자년 쥐띠 2월 28일생.
　　본인의 사주는 아닌 듯싶어,

"부친 되세요?"
라고 물었다.

"아니요, 옆집에 사시는 김씨 아저씨라는 분인데요."

별 희한한 일도 다 있다 싶었다. 부친도 친척도 아닌 옆집에 사는 아저씨 사주는 왜 보자는 것일까, 싶어서였다. 그러나 일단 사주를 넣으면 할아버지께서 다 말씀해 주시리라.

"으음, 병색이 짙고 실권에서 물러날 형국이군요. 올해 음력 2월에는 아주 엄청나게 안 좋았겠는데요. 뼈 마디마디에 병이 침투해 보약을 먹어도 회복할 수가 없습니다. 그런데 이거 옆집아저씨 사주가 맞나요? 외국인 사주 아녜요? 나랏님 사준데……."

그래도 그 젊은이는 그저 '옆집 아저씨' 라는 말을 되풀이 하면서 '구체적으로 어디가 아프냐?' 고 물었다.

"구체적으로 어디가 나쁘냐 하면, 심장이 나쁘군요. 혈압도 높네요. 당뇨도 있고……. 그런데 이 노인께선 빠르면 올해 음력 5~6월에 늦으면 동지섣달을 못넘기실 것 같습니다."

"잠깐만요, 못넘긴다면……."

"돌아가실 것 같다구요. 설사 살아보려고 모든 방법을 동원한다고 해도 목숨은 건질지 모르지만 바깥 거동이 힘들어요. 내년부터는 이분의 권력이 다른 사람에게 갈텐데…… 아니, 정말 이 사람 옆집아저씨 맞아요? 옆집아저씨 사주가 아니고 나랏님 사준데……."

"사주가 그렇게 좋습니까? 어떤 사준데요."

"말씀드렸잖수. 나랏님 사주라고."

"여자 관계는 어땠습니까?"

"여자 관계는 복잡했겠군요. 하나, 둘이 아닌데요. 한 번 상처에서

두 번 장가는 갔겠는데, 세 번, 네 번 가지는 못합니다."
"자식은요?"
"자식은 제 점으로는 아들뿐이군요. 딸은 나오지 않습니다. 죽은 아들을 포함해서 네 명이었겠습니다. 죽은 아들은 하난 것 같은데요."
"성격은 어떻습니까?"
내심 더욱 이상한 기분이 들었다. 옆집 아저씨에다가 생년월일을 알고 왔다면 어느 정도 친분이 있어 다 알고 있을 일을 어찌 입 아프게 자꾸 캐묻는지 모를 일이었다.
"마음이 여리고 착한 사람이군요. 하지만 눈 하나 깜빡 하지 않고 사람을 죽일 사람이기도 하네요."
"부모는 어떤 분이었습니까?"
"아니, 아는 사람 아니에요? 이거 옆집 아저씨 사주 맞아요?"
"예에, 잘 모르는 분이에요. 그런데 요즘 좀 안 좋은 일이 있으셔서요. 그저 모두들 김씨 아저씨라고 부르는 분이죠. 그분에 대해 개인적으로 궁금한 게 많아서 그럽니다."
"제 점괘로는 부모는 대단한 사람이 아니었군요. 아버님은 일찍 돌아가셨고……. 이분은 부모님 덕을 입은 게 하나도 없군요. 부모에게서 교육을 받으며 평범하게 자라지 못해서 굴욕감 같은 것을 느껴 원래는 착한 심성을 가졌는데 변한 것 같습니다."
그랬더니 슬그머니 또 하나의 사주를 꺼내 놓았다.
임오년 말띠, 1월 2일생.
"아마 그분과 부자지간인가 보군요. 점괘가 그렇게 나오는데……."
젊은이는 대답 없이 앉아 있었다.
"아버지가 없으면 큰 일을 할 수 있는데, 아버지의 압력으로 뜻을 펴지 못하겠습니다. 재물은 있지만 덤으로 딸려가는 사람이군요. 자기 뜻대로는 한 번도 해보지 못하고……. 기를 펴지 못한 사람이네요. 아버지만은 못하지만 이분도 나랏님 사준데……. 지금 뭐하는 분이세요?"

"그저 앞에서 봐 주신 분의 아들이라는 것밖에는……."

점점 미궁이었다. 그리고 순간 이상한 불안감마저 드는 것이 아닌가? 혹시 대단한 범죄집단의 보스라도 잡으려고 그러는 것일까, 하는 우스운 생각마저 들었다.

"아버지에게 순종, 복종은 하겠지만 기를 펴지 못한 사람이네요. 천심은 좋은데, 아버지가 너무 큰분이라……. 그런데 앞에 그 노인은 뭐 하시던 양반이에요?"

내심 이 부자가 누구인지 궁금해져왔다. 뭔가 해도 큰일을 했을 사람들인데, 그것이 어떤 일이든 지금 이 젊은이는 이들에 대한 얘기가 필요하다는 것을 직감으로 알 수 있었다.

상대방이 대답이 없자, 나는 머쓱해져 서 이 일을 마무리 짓고 싶었다. 왠지 찜찜한 기분이 들었기 때문이다.

"지금 이분은 사형선고가 내렸다고 할 정도로 몸이 좋지 않습니다. 이분의 사주는 아버지만은 확실히 못하군요."

말 못할 사정이 있구나 싶어 묻지 않은 말에 서둘러 답변을 하고 대충 마무리를 하려는데,

"선생님"

하고 그가 정중하게 나를 불렀다.

"사실 그들 부자는 김일성과 김정일입니다."

나는 아연실색 놀라지 않을 수 없었다. 물론 사주가 예사 사주는 아

니었지만, 외국인이나 큰 집단의 보스가 아닐까 하는 생각만 했을 뿐 그들이 김일성, 김정일 부자라는 생각은 전혀 하지 못했기 때문에 더욱 놀랐다.

"그럼 당신은 누구슈?"

이런 일이 더러 있던 터라 국가기관에 소속된 사람이겠구나 싶었다.

"저는 「월간조선」 기잡니다."

별 우스운 기자가 다 있다고 생각했다. 아무리 김일성과 김영삼 대통령이 만나게 될 듯한 분위기였지만, 무당까지 찾아와 그들의 사주를 넣다니…….

더구나 그들의 사주를 넣어 내가 예언을 했다손 치더라도 그것을 기사화 하리라는 생각은 꿈에도 하지 못했다. 몇 년 전만 하더라도 김일성의 사주를 대고 무당의 예언을 기사화 할 수 있는 기자를 상상이나 할 수 있었을까?

"그래, 나는 어찌 알고 찾아왔수?"

"아 예, 서정범 교수께 용한 점쟁이를 소개시켜 달라고 했거든요. 그랬더니 세 분을 소개 받았는데, 그중 한 분이 바로 선생님이셨습니다."

무속 연구 때문에 몇 번 안면이 있으신 서정범 교수님의 배려(?)로 나를 찾은 기자에게 나는 더 이상 해 줄 말이 없었다. 그도 더 이상의 것을 바랐던 것은 아닌 듯 그저 자리를 털고 돌아갔다.

나야 할아버지 말씀대로 예언을 해 주었지만, 그 예언이 맞지 않는다면 서교수님께도 큰 누가 되겠다 싶어 괜히 마음이 무거웠다.

그러나 걱정을 한들 무슨 소용이 있겠는가? 당시 상황으로는 내 예언이 신빙성이 없어 보였기 때문에 그저 그 기자가 기사화 시키지는 않겠지, 싶은 마음이었다.

다 알고 있는 일이지만, 카터 전 미국 대통령이 북한을 방문하고 김일성은 만세 천세 할거라고 장담하던 때가 아닌가? 내가 김일성을 만나 본 것도 아니고 그가 우리 대통령처럼 매일 뉴스를 통해서 볼 수 있는 처지도 아니어서 내 예언에 대한 부담이 컸던 것도 사실이다.

그런데 더욱 나를 난감하게 만든 것은 그달 말,「월간조선」5월 호에 실린 내 예언 기사를 보고 나서였다.

세상에 별 엉뚱한 기자도 다 있구나 싶었다. 이런 것들도 기사화가 되는구나 싶어 내심 놀라기도 했고, 기사가 나간 후 나는 또 다른 기자들의 전화 쇄도에 시달려야 했다.

그리고 7월 초순, 그러니까 김일성이 죽기 이틀 전에 나는 무속연구를 한다는 미국에 있는 한 교포 여인의 방문을 받았다. 그녀와 이런 얘기 저런 얘기를 하던 끝에, 김일성 예언 기사에 대한 얘기가 나왔다. 순간 내 영감을 통해 김일성이 모레, 그러니까 음력으로 5월30일에 죽는다는 계시가 와 닿았다.

"음력 5월 30일에 김일성이 죽습니다."

어안이 벙벙해 하던 그 무속을 연구하던 교포 여인은 의구심을 감추지 못한 채 물었다.

"대통령이 곧 북한을 방문하고 또 그믐이면 이틀밖에 남지 않았는데요."

"사람 목숨이란 밤새 안녕이라는데, 아직 이틀이나 남았잖아요."

나는 나 자신도 놀랄 만큼 자신만만하게 말을 했다. 나는 가끔 내 의지와는 상관없이 어떤 관건에 대해 자신이 서는 일을 맞추곤 한다. 그것은 대개 예언을 할 때인데, 그때도 나는 유난히 자신이 있었다.

그 여류 무속연구가는 김일성이 죽은 다음 날, 서정범 교수의 연구실을 찾아가 그날 나와 있었던 이야기를 흥분해서 말하더라고 방송국에 갔다가 만난 서정범 교수님은 내 손을 잡아 주셨다.

"심진송 씨, 어떻게 날짜까지 그렇게 맞췄어요? 대단합니다."

서교수님은 마치 그 일로 인해 자신에게 커다란 득이라도 있는 양 자신의 일처럼 기뻐하셨다. 나는 다행히 내 예언이 맞아 서교수님께 폐를 끼치지 않게 된 것만을 다행스럽게 여겼는데 말이다.

이 일이 있은 후, 나는 거의 모든 매스컴의 인터뷰 요청을 받게되었고, 하루의 일과를 전화 받는 일로 시작해 전화 받는 일로 끝날 정도로 바쁘게 되었다. 그러나 그런 일들이 내게 그렇게 신명나는 일로 여겨지지 않는다는 사실은 누구도 모르리라.

물론 나 자신이 신을 받고 '나라를 위해 일하는 무당되게 하소서' 라고 빌었더라도 그것이 나라를 위하는 일이 될 리 만무이고, 그럭저럭 꿰어맞춰 '나랏무당' 으로 불리게 된다 하더라도 진정 내가 원하는 나랏무당은 그저 북한의 실정을 예언하는 무당 정도는 아니다.

특별하게 어떤 일이 '나랏무당' 이라고 규정 지을 수는 없지만, 나는 요즘 시간이 너무 모자란다는 생각이 들어 밤잠을 설치고 있다. 뭔가 할 일은 너무도 많은데, 하루가 24시간밖에 되지 않는다는 사실이 안타까울 뿐이다.

더러 내가 유명세 때문에 떼돈이라도 벌고 있다고 생각하는 사람들도 있는 모양이었다. 뿐 아니라 알지도 못하는 사람의 저서에 내 얘기가 떡하니 들어가 있는가 하면 인천 월미도에 컴퓨터 점을 보는 자판기 위에 내 사진이 붙어 있는 등의 일을 대하면서 유명세에 대한 쓴맛을 알게 되기도 했다. 분명히 밝히는데, 나는 그 유명세를 입기 전이나 지금이나 똑같이 경기도 시흥시 대야동에 있는 도광사의 심진송일 뿐이다. 다만 불편한 게 있다면 덧없이 몰려 드는 기자들이라고나 할까?

그들은 내게 아주 사소한 것에서부터 정말 내가 하고 싶어하는 나라를 위한 예언까지 시시콜콜 물어오곤 한다. 더구나 뭔가의 잡음만 생기면 전화벨을 울려 어떻게 되겠느냐고 묻곤 한다.

그렇게 질문하고 대답하는 일이 귀찮다는 것은 물론 아니다. 그렇게라도 하지 않으면 내가 무슨 재주로 앞날을 세상에 알리고 그것을 사전에 예방하도록 할 수 있겠는가? 더러는 그들에게 고맙다는 생각도 든다.

한편, 그렇게 묻고 대답하는 과정에서 나는 인간에 대한, 아니 이 사회에 대한 회의에 빠지곤 한다. 어떤 날에는 전화로, 또 어떤날에는 팩스를 이용해 일련 번호까지 매겨가며 내민 그들의 질문에 일일이 답을 해 주고 나면, 가끔 '바빠도 너무 바쁘게 사는 사람들이구나.' 하는 생각과 함께 나를 어떤 '맞추는' 도구쯤으로 생각하고 있는 것은 아닐까 하는 생각이 들기도 한다. 그럴 때면 '나도 별 수 없는 인간이구나.' 하고 나에 대해 회의도 하지만, 진정으로 인간과 인간이 만나 정겹게 이야기를 나누는 사회가 그립기도하다.

나는 그들만큼 많은 사람들을 만나지만 아마도 그 사람들을 만나면서 느끼는 체감은 완전히 다를 것이다. 나는 나를 믿고 찾아오는 사람들을 통해 인간사 희노애락을 한눈에 보면서 아등바등 살아가는 것이 얼마나 부질없는 일인지 절감한다면, 아마도 그들은 모든 취재원들이 어쩌면 '자신들의, 아니 어쩌면 모두를 위한' 도구로 보일지도 모를 일이다.

그리고 인간사 희노애락, 생로병사가 없다면 그들이 하는 일이라는 것이 무의미해질지도 모르는 일이다. 그런 의미에서 그들은 점점 인간

사이의 정을 잃어가게 하고 있는 것은 아닌지, 가끔 하지 않아도 될 걱정이 앞서곤 한다.

그밖에도 나의 예언은 여러 곳에서 적중을 하고 있다. 특히 나라 안의 일들이나 쉴새 없이 터졌던 사고들을 나는 내 예언 속에서 알아야 했다. 그러나 아직 신을 믿는 사람들이 많지 않아서일까? 속수무책 여기저기 예기치 않았던 곳에서의 사건, 사고에서 희생되는 많은 무고한 사람들을 대할 때마다 나는 내게 더 큰 힘이 있어 최소한 무고한 사람들의 희생이라도 줄일 수 있었으면 얼마나 좋을까를 늘 생각한다.

앞으로도 나는 많은 예언을 하려고 애쓸 것이다. 물론 나를 비롯하여 유명 역술인들이나 무속인들의 예언이 다 똑같지는 않겠지만, 그래도 우리 신에게라도 먼저 들을 수 있는 사람들이 자꾸예언을 해서 미래를 좀더 겸손하게 받아들일 수 있도록 해 주어야한다는 것이 내 주장이다.

떠도는 원혼들

　본디 무속에서는 인간을 육신과 영혼의 이원적 결합체로 보고 있으며, 영혼은 인간 생명의 근원이 된다고 보고 있다. 영혼이 육신을 떠나간 상태를 죽음으로 보기 때문에 육신이 죽은 뒤에도 영혼은 영생하거나 새로 태어나는 불멸의 존재라고 생각한다.
　우리 무속에서는 영혼을 편의상, 사람이 죽은 뒤에 저승으로 가는 영혼인 사령과 살아 있는 사람의 몸 속에 깃들어 있는 혼인 생령으로 나누고 있다.
　나는 가끔 신당에 들어서는 사람들의 등뒤를 무겁게 짓누르고 있는 이들 사령들을 만날 때가 있다. 이들은 대개 원혼이 되어 저승으로 떠나지 못하고 자손들이나 후손들에게 얹혀 그들을 괴롭히거나 혹은 어루만져 주기도 하는데, 이런 원혼은 어쨌든 달래서 저승으로 보내는 것이 가장 좋다.
　내가 신을 받고 1년되던 89년 어느날, 50대 중반의 부인이 딸을 데리고 신당에 들어섰다.

　부인은 먼저 부부의 사주를 넣고 자식이라며 아들의 사주도 넣었다.

　"어? 남편 되시는 분은 돌아가신 것으로 나오는데요?"

　"네, 맞아요. 돌아가셨어요."

　"그런데 죽은 사람 사주는 왜 넣고 그래요?"

　"아들놈 좀 봐 주세요."

　아들이라는 사람은 사주로 당시 27세였다. 점사를 보는데 놀고 먹는 상이었다.

　"이 사람은 직업이 없네요?"

　"네, 지금 놀고 있어요."

　"그런데 이 사람 혹시 미치지 않았어요?"

　"그게 무슨 말씀이세요? 자세하게 말씀해 주세요."

　"낮에는 멀쩡한 것 같아도 밤만 되면 미치는군요. 그런데 미쳐도 곱게 미친 게 아니군요. 집안 식구들도 해하려고 하네요."

　"맞아요. 그게 미쳐서 그러는 건가요? 이유가 뭐래요?"

　"이 사람 아버지도 그랬네요?"

　"네?"

　"아니, 남편되시는 분도 아랫거 내놓고 펄펄 뛰어다니고 안그랬어요? 지금 아들도 그렇고……."

　"어떻게 그렇게 잘 아세요……?"

　"그런데 아드님은 아버지 돌아가시고 더 심해졌네요."

　"어떻게 하면 좋을까요? 이게 무슨 유전병인지…… 동생은 아예 직장 근처에서 자취를 한답니다."

　사연인즉 이랬다. 오랫동안 고생해서 집을 장만하고 이사를 가니 남편은 갑자기 낮에는 멀쩡히 일하다가도 밤만 되면 남근을 꺼내들고 뒤뜰을 서성이거나 아니면 아예 문 밖으로 나가려다 부인에게 잡혀 들어오곤 했었다. 거기다 남편은 부인에게 시도 때도 없이 성행위를 강요해 부인을 괴롭혔다.

그러던 어느 날, 남편은 저녁 잘 먹고 TV앞에 앉아 껄껄거리다가 심장마비로 죽었다. 사인이 심장마비라는 것 외에 알 수 있는 것은 아무것도 없었다.

그리고 당시 스물이었던 아들이 아버지와 똑같은 증세를 보이기 시작했다. 증세가 심해지면서 여동생 하나 있는 것도 겁탈하려들어 부인이 '너 죽고, 나 죽자'며 매달려도 보고 때려도 봤지만 고쳐지지 않았다. 또 어떤 날에는 잠들어 있는 부인의 몸을 더듬다가 잠에서 깨어난 부인에게 된통 얻어맞고도 그 버릇은 고쳐지지 않았다. 다만 밖으로 나돌며 그런 짓을 안하는 것만을 고마워 할따름이었다.

정신병원에 넣을까도 싶었지만, 워낙 낮에는 언제 그랬냐는 듯이 방에 처박혀 책을 본다 어쩐다 멀쩡하기 때문에 또 넘어가곤 했다.

여동생은 노이로제 증상을 보여 아예 직장 근처로 방을 얻어 내보냈다. 앞길이 구만리 같은 딸년 신세를 망칠 수는 없었던 것이다. 그러던 중 용하다는 소리를 듣고 나를 찾아왔던 것이었다.

"그 집터가 공동묘지 자리 아니었어요?"

"네, 아마 그랬다고하지요……."

"그런데 묘지 이장도 안하고 봉분만 걷어내고 집을 지었군요. 집안에 행여도 보이네요."

"아, 그건 이미 오래 전에 창고로 개조해서 쓰고 있어요."

그 집으로 이사를 오면서 마당 한쪽 귀퉁이에 다 쓰러져 가는 행여

집이 있었는데, 그 자리에 골조만 대충 이어서 허섭쓰레기들을 넣어 두는 창고로 쓰고 있다는 것이었다.

"그런데 아드님 방이 젊은 남자의 하반신만 묻혀 있는 곳이군요. 그래서 아드님이 그렇게 된 거예요. 아마 남자가 더 있었으면 그 남자들도 다 그랬을 거예요."

"아이구, 그럼 어떡헌데요……?"

"저를 믿고 귀신 한번 잡아보실래요?"

"우리 아들이 제정신만 된다면야 뭔들 못하겠어요."

그래서 굿을 하기로 했는데, 우선 그 귀신을 잡아와야 굿을 할 수가 있었다. 그래서 굿을 하기 전에 나는 신도 두 명과 함께 귀신을 잡으러 그 집으로 가게 되었다.

그 집으로 가는 도중에 나는 신도들에게 또 한번 공수를 내렸다.

"수현엄마야, 넌 그 집에 들어가면서 구토가 일어날 것 같다. 그리고 기철엄마는 마당에서 넘어지겠어. 그런데 그건 그 집에 귀신들이 장난을 치는 것이니 내 그 집에 도착하면 풀어 줄게."

그 소리를 들은 그네들은 '무슨 소리를 그렇게 심하게 하냐'며 내 얘기는 들은 척도 하지 않았다.

아니나 다를까, 그 집에 들어서면서 수현엄마는 얼굴이 노래지더니 구토를 하느라 정신을 못차렸고, 기철엄마는 대문 입구에서부터 넘어져 수돗가까지 미끄러졌다.

대충 그들의 귀신실림을 풀어 주고 아들이 있다는 방으로 들어갔다. 천장을 보고 반듯하게 누워 있는 아들은 이미 사람이 아니었다. 눈에도 귀신이 실려 있고 얼굴도 이상하게 일그러져 있었다.

"사람이 들어왔으면 일어나야지!"

나는 벽력같이 소리를 질렀다.
"당신이 뭔데 일어나라 마라 하는 거요?"
당당하게 누운 채 나를 바라보며 그 아들은 같이 소리를 질렀다.
"네 눈에는 보통사람으로 보일지 모르지만 난 너 잡으러 온사람 이니 밖으로 나가자!"
"이 여자가 왜 이래? 웃기는 소리말고 썩 나가요!"
장성해서 키도 몸집도 나하고는 비길 수 없이 건장한 청년이었다. 나는 그 아들의 팔을 휙 낚아채며 소리를 질렀다.
"네가 귀신인 줄 다 안다. 어디서 함부로 주둥이를 놀리느냐?"
그렇게 완강히 버티던 그 아들은 내가 낚아챈대로 마루에 나가떨어졌다. 그제서야 어쩔 수 없음을 느꼈는지 청년은 발길질을 해대고 소리를 지르면서 발악을 하기 시작했다.
여러 사람들이 그를 붙들고 있는 동안 나는 장판을 걷고 네 귀퉁이에 부적을 붙였다. 그리고 신들을 불러들이기 시작하자 그 아들은 더욱 기승을 부리며 아우성치기 시작했다. 그는 남자를 포함해 여럿이 붙들기도 어려울 정도로 펄펄 뛰었다.
나는 그 아들의 머리채를 잡아 주질러 앉혔다. 그랬더니 그렇게 펄펄 뛰던 아들은 힘없이 무릎을 꿇고 앉았다. 얼굴은 노랗게 변하고 눈에는 이글이글 붉은기가 돌았다.
신들까지 불러 귀신 몰아내는 작업을 시작했다.
"너, 나와라. 그렇지 않으면 너 자신도 괴로울 것이다. 너는 어서 네 상반신을 찾아서 저승으로 가고, 이 젊은이는 새로운 인생을 찾게 해 주어야지 않겠느냐……."
약 한 시간 가량 실랑이를 하다가 그 귀신은 아들에게서 빠져 나오고 말았다. 두 다리만 남아 있는 혼령이 그 아들의 몸에서 걸어나와 쌀이는 조리 위에 올라 앉았다.

그 아들은 귀신이 빠져나가자 거품을 물더니 기절했다. 부인은 아들이 죽었나보다며 아우성이었다. 그러나 그 아들은 5분도 되지 않아 제정신으로 돌아왔다. 얼굴에는 평정이 감돌았다.

"젊은이, 이제부터 귀신을 봤던 얘기 좀 해봐요"

"귀신을 처음 본 것은 아주 어렸을 때였어요. 하얀 할머니였는데, 마당에서 봤어요. 그리곤 고등학교 때 마당에 있는 창고 앞에서 젊은 남자 귀신을 봤어요. 그 귀신이 자꾸만 나에게 오라고 손짓을 했는데, 다음은 기억이 잘 안나요. 그리곤 방에만 있으면 자꾸만 몸이 말을 듣지 않는 것 같아서 어머니께 이사를 가자고도 해봤지만 내 얘길 믿는 사람이 없었어요."

그리고 난 후 그는 밤마다 자신이 저지르는 일을 제대로 기억하지 못했다. 설령 기억을 한대도 그 스스로 제어할 힘은 없었을 것이다.

나는 조리 위에 걸터 앉아 있는 악령을 잡아야 했다. 이미 마당에는 지펴 놓으라고 했던 불이 훨훨 타오르고 있었다.

'절대 그 젊은이를 괴롭히는 일을 하지 않을 테니 제발 나를 여기서 살게 해 주쇼.'

혼령은 그렇게 말했지만 나는 그럴 수 없었다. 귀신 잡는 방법으로 조리 위에 앉은 귀신을 움직이지 못하게 하고 조리째 불 속에 던져버렸다. 혼령은 콩 튀듯 튀면서 살려달라고 애원을 했다.

그런데 문제는 그 혼령 뿐만이 아니라는 생각이 들었다. 그래서 집안을 두루 돌면서 귀신들이 조용히 떠나도록 빌어 주고 있는데, 행여 집이었다는 창고 앞에서 발길이 떨어지지 않았다.

"네 이년! 네년이 뭐길래 여기 들어와 이렇게 혼란스럽게 만드느냐? 방금 네년이 죽인 것이 바로 내 손자다. 한 번두 모자라 두 번 죽이냐? 이년!"

그 창고로 들어서자 창고 한귀퉁에 하얀 할머니가 앉았다가 나를 향해 그렇게 소리를 질렀다. 그곳을 보니 자그마한 단지가 하나 있었다. 나는 사람들을 불러 처방을 한 그 단지를 불 속에 던지게 했다.

결국 그렇게 해서 귀신은 다 잡히고, 떠돌던 혼령은 다 달래서 저승으로 보내는 굿을 했다.

그 후, 아들은 정상으로 돌아와 취직도 했고, 딸도 집으로 돌아왔다. 그리고 얼마 전 그 부인이 나를 찾아와 고맙다며 아들의 결혼소식을 알려 주었다.

또 하루는 두 부부가 신당에 들어섰는데, 그들은 성경책을 옆구리에 끼고 있었다. 부인은 기독교인 중에서도 독실한 기독교 신자였다.

"교회나 열심히 나가시지 여기는 왜 오셨어요?"

두 부부는 당황스런 표정으로 나를 보았다.

"그런데 아줌마, 교회를 버려야 집안이 편해요. 지금 집안에 우환이 5년 넘게 끓었네요"

"우환이라뇨? 어떤 우환을 말씀하시는 거예요?"

"자식이 하나 있네요. 사주 좀 줘 보세요."

열아홉 살 먹은 딸이었다.

"어머, 미친지 5년이 넘었네요."

그제야 두 부부는 나를 믿는다는 듯이, 그러니 이 일을 어쩌면 좋겠느냐고 매달리기 시작했다.

딸아이가 미친 것은 열다섯 살 때였다. 갑자기 몸이 불어서 비만아가 되더니, 언제부턴가 아버지를 깔고 앉아 뺨을 때리거나 동네 아무 데서나 치마를 걷고 오줌을 쌌다. 더구나 낮잠을 자고 있는 엄마의 목을 조르며 죽으라고 소리를 지르다가 저지를 당한 적도 여러 번이었다.

정신병원에 2년, 기도원에 1년을 넣어 보았지만 효과는 없었다. 그래서 할 수 없이 주변에서 용한 무당이 있으니 가보라고 하는 바람에 나를 찾았던 것이다.

그래서 또 귀신 잡는 일을 시작했다. 그런데 이번에는 거구의 아가씨가 굿당에서 알몸으로 뒹굴다가 오줌을 싸는가 하면, 제물을 아무거나 집어다가 베어물곤 했다.

굿은 두 시간이 넘게 진행 되었지만, 기운만 빠질 뿐 아가씨의 태도는 달라지지 않았다. 하는 수 없이 나는 부모의 동의를 얻어 그 아가씨를 밖에 있는 나무에 묶었다. 그러자 주변 사람들을 놀라게 한 일이 벌어졌다.

"죽여 버릴 거야! 너 죽여 버릴 거야!"

그 아가씨가 발버둥치며 소리를 지르자 그 입에서는 험악한 남자의 목소리가 흘러 나왔던 것이다. 주위에서 굿을 도와 주거나 구경하던 사람들은 하나같이 자신들의 귀를 의심하는 눈치였다.

"죽이긴 누굴 죽여?"

"널 죽여버릴 거야."

"나를 왜? 나는 당신을 달래서 저승으로 보내 줄 사람인데!"

"나는 안 나가! 못 나가!"

"당신 안 나오면 이 아가씨는 죽어. 내가 그렇게 할거야. 나는 당신을 이 아가씨 몸에서 어떡하든 내몰고야 말거니까!"

그 아가씨는 온몸을 뒤틀며 알수 없는 소리를 지르기 시작했다.
"도대체 당신은 왜 이 아가씨 몸에 들어와 이렇게 나쁜 짓을 하는 거야?"
"내 조칸데 왜 남의 몸이야?"
그는 아가씨 아버지의 동생이었다. 그 동생은 6.25때 인민군에게 잡혀 죽지 않을 만큼 맞고 정신이 나갔었다. 그러면서 미친짓을 하다가 횡사하게 된 경우였다.

그 원혼이 저승으로 못가고 떠돌다가 조카의 몸으로 들어온 것이었다.
"당신이 삼촌이라면 더욱 이 아가씨한테 이러면 안 되지. 어서 나와서 저승으로 돌아가요. 하나밖에 없는 조카한테 이래서 뭐가 이득이 난다고 그래요? 당신 안나오면 조카 죽어요 그래도 좋아?"
그러자,
"나가면 될거 아냐……."
그러더니 아가씨는 푹 고개를 꺾었다.
굿을 하는 동안 그 혼령은 저승으로 돌아갔다. 그리고 그 아가씨는 정상으로 돌아와 다시 살이 빠지면서 예쁜 아가씨로 돌아왔다.
그 역시 몇 년이 흐른 뒤에 결혼을 한다고 연락이 왔다. 지금은 평범한 주부로 잘 살고 있다.
그런 일들이 있은 후, '귀신 잡는 진송' 이라는 별명이 날 따라다니게 되었다.

영적세계와 인간세계

　일반적으로 생각할 때, 과학이 발달하고 교육 수준이 높아지면 무(巫)의 수가 줄어들 것이라고 생각하거나, 혹은 우리 무속인들을 찾는 수도 적어질 것이라고 믿는 것이 사실이다.
　그러나 이러한 생각은 무속 연구에 권위가 있으신 서정범 교수님의 연구결과를 보면 달라지게 될 것이다. 서교수님의 연구결과에 따르면 85년부터 5년간 1년에 약 2.5~3%씩 무속인들이 늘고 있다는 것이다.
　현재 전국에 퍼져 있는 무속인의 정확한 수는 알 수 없지만 줄잡아 10만이 넘는데, 그들 모두가 무당이라는 직업에 종사하고 있는 것만으로도 이러한 연구 결과를 단적으로 뒷받침해 주고 있다. 어쨌든 이러한 무당들은 대개가 손님이 묻는 것을 신에게 다시 물어서 대답을 해 주는 식으로 점을 봐 주는데, 이러한 결과만 봐도 무당은 사람과 신의 중간자 입장이라는 것을 알게 된다.

즉, 무속인들은 신과 사람의 중간에서 중간자 역할을 한다고 하면 맞는 말일 것이다.

사실 우리 무당이 내림굿을 할 때 '말문이 터졌다' 혹은 '말문이 열렸다' 로 표현하는 것은 신어(神語)를 할 수 있게 됐다는 뜻으로 이러한 신어를 우리는 '공수 · 공줄 · 공반' 이라고 한다.

이러한 신어는 희랍신화에서 일컫는 신탁과 일치한다고 볼 수 있으며, 기독교에서는 이른바 방언이라는 것과 공통으로 볼 수 있다.

다시 말해서 우리 무당은 어원으로 볼 때, 신과 인간과의 언어의 중개자이며, 신어를 할 수 있는 능력자라고 하는 뜻을 지니고 있다고 하겠다.

그렇다면 과연 신과의 대화는 어떻게 이루어지는가에 대한 의문이 남게 된다. 물론 나 자신도 무당이 되기 전에는 그러한 의문을 가지면서 믿으려 들지 않았던 것도 사실이다.

우선 나는 기도를 통해 신령을 불러들인 다음, 그 신령들이 예시해 주는 것을 찾아온 손님들에게 알려 주는 방법을 택하고 있다.

그런데 이런 것은 환경이나 나만이 들을 수 있는 언어를 통해서라기보다 영적인 텔레파시를 통해 이루어지는 것이라고 보는 것이 정확한 표현일 것이다.

텔레파시에 대한 구체적인 현상을 말한다면, 우선 나를 찾는 손님이 신당에 들어설 때 바로 신령들로부터 어떤 암시적인 현상이 전달돼 온다는 것이다. 그것을 자세히 파악해 상대방에게 알려 주는 것이 이제껏 내가 해온 일이다.

만일 갈비집을 하는 사람이 손님으로 신당에 들어서면 어느새 신당에는 고기 굽는 냄새가 진동을 한다. 또 만일 지병이 있는 사람이 들어서면 그가 아픈 부위에 꼭 같은 통증이 느껴진다. 고혈압환자가 신당을 들어서면 나는 어쩐지 뒷목이 뻐근하고 뻣뻣해짐을 느끼게 된다.

이러한 것을 나는 '전이현상' 이라고 말하는데, 이러한 현상은 비단 아픈 사람뿐 아니라 죽은 사람의 사인을 밝히는 때도 있다. 즉, 산 사람의 병뿐만 아니라 죽은 자들의 사인까지도 이러한 전이현상을 통해 신령들은 내게 암시를 해 주는 것이다.

혹자들은 이러한 전이현상에 대해 '무슨 헛소리냐' 또는 '혹세무민이로고...' 라며 비난을 퍼부울지 모르겠지만, 이러한 전이현상은 무속에서는 가능한 일이라는 사실이 이미 무속을 연구한 전문가들에 의해 증명되었다.

나나 다른 무당들에게 나타나는 이러한 전이현상은 '신내림' 이라는 공식적인 행사를 통해 이루어지는 것인데, 이 신내림을 통해 신령과 나를 잇는 화로가 연결된다고 볼 수 있는 것이다.

이러한 회로는 기도를 하면서 주파수만 맞추면 신령들의 계시를 받을 수 있는 것이다.

더러 기자들은 나의 이러한 이야기를 들으면서 신당에 모시고 있는 그 많은 신령들이 회로를 통해 들어오는 과정에서 혼선이 빚어지거나 복잡해서 잘 전달되지 않는 경우는 없는가를 꼭 묻는다. 가장 일반적인 궁금증일 것이다.

그러나 그것은 걱정할 필요가 없다. 나에게는 몸주이신 사명대사 할아버지께서 그 많은 신들의 주파수를 일일이 교통정리 하고 있기 때문이다. 즉, 그 케이블 회로 같은 주파수를 사명대사께서 관장하여 교통정리하고 있으므로 절대 혼선이 빚어질 일은 없다.

무속에서는 신들의 상호간 관계를 무당 자신의 신관에 대한 것으로 보아, 최고신으로 천신이 존재하고, 그러한 무신들 사이에는 계층의 격차가 있어 이것은 상층, 중층, 하층, 최하층의 4개 층으로 구분된다고 나와 있다.

더구나 무신들은 각기 인간을 위한 분담된 직무가 있는데, 이들 신이 서로 합심되지 않을 때 인간은 그 알력의 여파로 화를 입게 된다고도 한다. 그리고 이것은 내가 실제로 체험한 부분도 있어 분명히 밝힐 수 있다.

그렇기 때문에 나는 굿을 모시는 경우에도 어떤 신령을 모시느냐에 따라 의식이 달라지곤 한다. 아마 이러한 사실은 이미 무속에 대한 방송이나 매스컴을 통해 알고 있는 사실이겠지만, 나 역시 주신이신 사명대사를 모실 때는 도포에 갓을 쓰고 관운장 같은 장군신을 모실 때에는 신당에 항시 걸어두는 갑옷과 투구를 쓰고 굿을 진행한다.

나는 이러한 전이현상 외에도 어떤 사물에 대한 '영상' 까지도 전달받는데, 바람을 피우는 남자의 아내가 나를 찾아오면 그 바람피우는 대상의 여자가 쌍꺼풀이 있는지 없는지에서 헤어스타일은 어떤지 키는 어떻고 몸무게는 대략 어떤지 까지도 떠오르는 현상을 말한다.

또 잊은 물건 때문에 나를 찾아오는 사람이 있으면, 그 물건이 어디에 있는지가 떠오르고, 그 물건을 가져간 사람의 몽타주까지 그려낼 수 있을 정도이다.

처음에는 그저 무섭기만 하던 이 무당이라는 직업을 이제 나는 사랑하게 되었다. 신과 인간을 연결하는 중개자라는 직업에 보람도 느끼고 있고, 나름대로의 의미도 있어 내가 만일 죽어 다시 인간으로 환생을 한다면 반드시 다섯 살 때부터 이 일을 시작하고 싶다. 그래서 결혼도 하지 않고 나라를 위해, 많은 중생들을 위해 일하는 무당으로 일생을 마치고 싶은 것이 솔직한 나의 심정이기도 하다.

그때는 완전한 무속인이 되기 위해서라도 무속에 관해 깊이 학문적인 공부도 하고 싶다. 그리고 무당이라는 직업이 이 사회의 한 일원으로서 떳떳하게 받아들여질 그날을 위해 열심히 뛰고 싶다.

그리고 현재 내가 꿈꾸고 있는 '무속대학'을 설립하는 일을 어쩌면 그때야 이룰 수 있을런지도 모르겠다. 그래서 나처럼 운명을 거역하고 평범한 범인으로 살아가려고 온갖 고생을 다 하고 있는 신끼 있는 사람들을 좀더 떳떳하게 살아가게 하고 싶다.

신령과 하나 되어

  나는 신당을 찾아오는 사람들을 보면서 세상살이가 팍팍하고 어렵다는 것을 새삼 느끼게 된다.
  손님들이 내 앞에서 풀어헤치는 고민 보따리 속에는 갖가지 인생의 우여곡절들이 가득 들어 있기 때문이다.
  가출한 아이의 행방을 물어오는 부모의 안타까움, 장사가 안돼 찾아오는 중년의 가장, 바람피우는 남편 때문에 속태우며 찾아오는 아내들……. 그리고 죽음을 목전에 두고 그 죽을 날이 언제이며 살 방법은 없겠는가를 물으러오는 초로의 노인들을 만나면서 나는 인생의 쓰디쓴 고비들을 다 접하고 있다.
  그러한 인생의 줄다리기는 나를 이 세상의 한가운데로 몰아넣고 '과연 나는 누구이며, 내가 할 수 있는 일은 무엇인가'를 진실로 고민하도록 만드는 것이다.
  또 이러한 삶의 질문과 대답들은 나와 상관이 있든 없든 간에 우리가 살아가는 우리의 세태를 그대로 반영하고 있기도 하다.

남편의 외도 때문에 찾아오는 사람들이 많을 때도 있고, 또 어떤 때에는 부동산 경기 침체로 경제적인 타격을 호소하는 사람들이 많을 때가 있다. 또 자고나면 대형 참사가 이어지는 요즘에는 과연 세상이 얼마나 오랫동안 이렇게 흉흉하겠느냐고 물어오는 사람들도 있다. 이러한 경우 대개는 치성이나 기도로 풀어나가지만 굿을 벌여 해결책을 찾아야 할 때도 있다.

그러나 나는 굿을 강요하는 편은 아니다. 그리고 양심을 걸고 맹세하건데 굿을 할 때는 언제나 최선을 다하고 차리는 상도 최고가 되도록 애를 쓴다. 이 점에서 주위사람들은 언제나 굿 한 번에 돼지 한 마리씩 잡는 나를 향해 '뭐하러 그러느냐?'고 불만을 토로하지만, 그 돼지는 주변의 없는 사람들에게 다 나누어 주면 되는 것이고, 쌀이며 과일 등도 주변인들과 나누어 먹음으로써 굿의 효과를 올릴 수 있다고 생각한다.

사실 나는 무당이 된 후에 무허가 판잣집에서 처음으로 신당을 차렸었다. 그런데 동네가 동네이니만큼 주변에는 가난하고 못사는 사람들이 많이 있었다. 더구나 그 동네의 아이들은 사탕 한번 마음껏 먹어 보지 못할 정도로 굶주린 아이들이었다.

본디 굿을 하고 나면 무당집은 잔칫집이나 다름이 없다. 쌀도 많고 밥도 많고, 게다가 떡이며 고기도 남아돌아갈 정도로 많이 있다. 그래서 나는 그때마다 아이들에게 사탕과 떡도 나누어 주고 먹을 것도 챙겨 먹이곤 했었다.

그런데 간혹 교회를 다니는 집안인 줄 모르고 음식을 나누어 주다가,
"마귀에 씌운 년이 어디 함부로 먹을 것을 들고 찾아왔어."

하며 물벼락을 맞은 적도 있었다.

하지만 나는 지금도 굿을 하게 되면 반드시 주위의 많은 사람들에게 음식을 나누어 주고 함께 복록을 받기를 기원하곤 한다. 신들이 한꺼번에 모여 한상차려 먹고는 돌아갈 무렵이면 한마디씩 복된 말을 던지고 가는데, 기왕이면 굿을 하지 않았던 사람이라도 그 복을 받도록 해 주고 싶기 때문이다.

이것은 주신이신 사명대사 할아버지께서 알려 주신 일이기도 하지만, 본시 나 하나만의 이익을 위해 무당이 된 것이 아니라는 사실을 내 스스로 상기하기 위해서도 나는 그런 일들을 즐겨 한다.

굿은 주로 조상을 다루는 일인데, 굿을 통해 한풀이를 해 준 조상은 액운을 다 몰고 가버리기 때문에 후손에게 미쳐 있던 악운도 사라지고 두루 평안해지게 마련이다.

이처럼 살아가면서 겪는 갖가지 고민과 어려움을 무당이라는 '영매'를 통해 해결하려면 무엇보다도 손님들의 정성이 깊어야 한다.

내 자신의 기원과 손님의 절실한 마음, 그리고 신령님의 신통한 능력이 일체되어야만 소원도 성취하고 불가능의 세계를 가능으로 바꿀 수도 있는 것이다.

신령의 신통력과 영매의 해석력, 그리고 손님의 믿음, 이 삼위일체의 구심점은 물론 무당인 나이지만, 손님의 믿음이 없다면 그것도 아무 소용이 없고 또 신령님의 신통도 볼 수 없게 된다.

무당인 영매가 구심점이라고 하는 데는 이유가 있다. 그것은 신령에게 접신해 그 신통한 능력을 보통사람들에게 말로 전해 주는 영매의 능력에 따라 얼마만큼 정확 하느냐가 판가름 나기 때문이다.

그렇기 때문에라도 영매인 무당은 항시 바른 말을 하고 정의로운 마음가짐을 가져야 한다. 그것은 신과 함께 살아가는 영매의 제1조건이라고 할 수 있다.

　원래 무속이란 무당을 중심으로 민간에게 전송되고 있는 종교적 현상으로, 민간신앙 가운데에서 가장 확고한 신앙체계를 이루고 있다. 그러나 현대 과학의 발전은 이러한 토속신앙을 미신으로 몰아가고 있는 것도 사실이다. 하기는 신을 체험하지 못한다면 눈에 보이지 않는 존재를 어떻게 믿겠는가? 그러나 예수께서도 자신을 믿으면 기적을 보여 주셨듯이, 이 무속도 진심으로 믿으면 꿈에서라도 신들은 모습을 드러내 그들에게 자신의 존재를 확인시켜주곤 한다. 우리 신도들 중에는 그러한 체험을 하고나서 더 진실한 믿음을 가지고 살아가는 사람들도 많이 있다.

　때문에 나는 절대 나를 찾아오는 손님들을 내 욕심대로 무리하게 굿을 하자고 하거나 혹은 많은 손님을 끌기 위해 애쓰지 않는다. 그리고 만일 교회를 나가는 사람이 찾아오면 교회에 열심히 다니면서 믿음을 가지고 정성껏 기도를 하라고 일러서 보낸다. 그러면 소원은 성취될 수 있기 때문이다.

4장 ...
사랑할 수 있다면

또 다른 기억들

나는 1950년 음력으로 1월 12일생인다.

우리집 식구들은 이북을 고향으로 두고 있다. 나의 아버지는 평양분이고, 나의 어머니는 신의주 분, 또 나는 진남주 생이다. 나는 7남매 중 막내로 태어났지만, 내 위로 형제 여섯은 모두 일찍 세상을 떠났다. 옛날에는 아이들이 많이 죽기도 했다지만, 자식을 여섯씩이나 앞세운 우리 부모님은 평생 가슴에 못이 박혀 사셨다.

나는 모태신앙이었다. 어머니는 권사이셨고, 아버님은 장로였을 정도로 독실한 기독교 신자였다.

여섯 손주를 잃은 외할머니는 '내가 너무 오래 사는구나'를 입버릇처럼 되뇌이시다 어머니가 나를 갖자 치성을 드리기 시작했다. 옛날 분이다 보니 자꾸만 죽어가는 외손주들을 그냥 보고만 있을 수 없어, 할머니로서 새로 태어날 아이를 위해 뭔가를 해야만 했던 것이다.

외할머니는 아예 집 뒤켠에 칠성당을 지어 놓으셨다. 그리고는 정성을 다해 치성을 들였다. 외할머니의 이런 정성이 지금의 나를 만들었을지도 모른다.

무속신화인 무가에 의하면, 원래 지상에는 인간이 없었는데 삼신이 최초로 이 세상에 인간을 점지해 내보내고, 이로부터 동네마다 가가호호에 삼신이 있어서 아기를 태어나게 해 준다고 한다.

지금도 민가에서는 안방 아랫목이 삼신 자리라고 해서 아기가 없는 여인이 아기를 얻기 위해 이곳에 제를 지내고, 또 해산한 뒤에도 삼칠일이 되면 이곳에 산모의 속곳을 접어놓고 그 위에 삼신상을 차려 아기의 무병장수를 빈다. 그리고 아기가 출생한 뒤부터 7세까지는 삼신이 받들어 주어서 탈없이 성장하고 7세부터는 칠성신이 보살펴서 장수한다고 믿는 것이다.

이러한 토속적인 신앙을 믿으셨던 외할머니는 독실한 기독교신자였음에도 칠성당을 지어 뱃속에 있는 나의 무병장수를 빌었다.

그리고는 구덩이를 일곱 개 파서 내 바로 위의 오빠를 일곱 번 묻었다. 첫 번째 구덩이에 묻었다가 다시 파내고, 또 다음 구덩이에 또 묻고 파내고를 일곱 번을 반복하신 것이다.

나는 그렇게 해서 태어났다. 지금까지 그 많은 시련 속에서도 모질게 살아 있는 것으로 봐서 그때 외할머니의 정성이 미친 것이 아닌가 싶다.

1951년 1.4후퇴 때 이북에서 남으로 피난을 내려온 우리집 식구는 어머니의 악착같은 생활력으로 그리 어렵지 않은 생활을 했다. 부산에서 피난 보따리를 풀고 휴전이 될 때까지 살았다. 휴전 이후 우리 식구는 인천으로 삶의 터전을 옮겼다. 이북을 고향으로 둔 어머니와 아버지는 그나마도 고향과 가까운 곳에서 살고 싶었던 것이다.

아버지는 상해며 러시아에서 공부를 하신 분으로 5개 국어를 능통하게 하셨다. 젊었을 때는 상해에서 독립운동에 가담하셨지만, 일본군에게 당한 고문의 후유증으로 돌아가실 때까지 병석에서 지내셨다.

어머니는 병석의 아버지 대신 생활 전선에 뛰어들어 억척스럽게 일을 하셨다. 다행히 수단이 좋은 어머니는 부산에서부터 모은 돈으로 인천의 답동에서 운수업을 시작했다. 낯선 곳에서 시작한 운수업은 애초 생각했던 것보다 훨씬 순조로 왔다.

병석의 아버지는 영종도에서 요양을 하면서 늘 바쁜 어머니 대신 어린 나를 도맡아 키우고 계셨다.

아버지의 병이 점점 더 심해지기 시작하면서 병원비에 약값이 만만치 않았지만, 그래도 어머니는 어린 나의 눈에 돈을 찍어내는 사람처럼 보였다.

어느 날, 어머니의 운수업은 큰 사고를 내고 망하게 되었다. 당시에는 보험이라는 것이 잘 되어 있지 않았던 터라 사고만 한 번 나면 운수업이라는 것은 금방 망하기 일쑤였다.

그래서 어머니는 운수업을 접어두고 남은 돈을 모아 다른 일에 손을 대셨고, 우리 식구는 어머니의 운수업이 망하면서 비로소 영종도 집으로 합치게 되었다.

당시 나는 다섯 살이었고, 그 나이에도 그렇게 품에 한번 안겨보지도 못한 어머니의 정이 그리워 늘 어머니께서 돌아오실 시간이 되면 갯가까지 마중을 나가곤 했다.

외할머니의 치성에도 보람 없이 나는 잔병치레를 많이 하는 아주 병약한 아이였다. 당시의 내 사진을 보면 뼈에 가죽만 씌워 놓고 눈과 입만 뚫어 놓은 아이였다.

사람들은 눈이 크고 둥글어 나를 '아니노꼬'라는 별명으로 불러 주었는데, 나는 그 뜻도 모르면서 단지 그 소리가 예쁘다는 의미라는 사실만으로 좋아했다.

당시 영종도라면 아주 오지나 다름이 없었다. 그래서 길들이 엉망이었다. 늘 나는 어머니의 마중을 나갔는데, 하루는 마중을 나가다가 발을 헛디며 낭떠러지 같은 곳으로 곤두박질을 쳤다. 지나던 할아버지가 아이가 떨어져 있는 것을 보고는 내려와 구했으나, 이미 숨이 멎어 있었다.

피를 철철 흘리며 이미 숨을 거둔 딸의 차디찬 시신을 받아들고 부모님은 하늘이 무너지는 아픔을 느꼈다고 한다. 이미 두 분 다 더이상 자식을 생산할 능력도 없었던 부모님은 나를 부둥켜안고 엉엉 울었다.

"하나님, 이제 그만 시험에 들게 하시고 이 아이를 살려 주세요. 저희가 살아 있는 이유가 고스란히 이 아이에게 있습니다. 이제 이 늙은 부부가 무엇에 의지하고 살아가라고 이다지도 험한 일을 겪게 하십니까……."

아이를 묻어야 했지만 어머니와 아버지는 그럴 수가 없었다. 결국 두 분은 이불 호청에 나를 말아서 윗목에 놔두었다. 그리곤 기적을 호소하며 기도를 드렸던 것이다.

그렇게 이틀이 지나도 좀처럼 깨어날 줄 모르는 나를 부모님은 더이상 윗목에 둘 수는 없었다. 그래서 묻을 곳을 보러 다니다가 집으로 돌아온 두 분은 다음 날이면 땅 속에 묻을 나를 부둥켜안고 목놓아 우셨다.

그러자 내가 눈을 반짝 뜨더니 믿을 수 없을 만큼 담담한 목소리로 '아함, 잘잤다' 하더라는 것이다. 하늘의 기적이라고 믿었던 어머니는 나에게 하나님의 딸이니 하나님의 제자가 되라고 늘상 일러 주셨다.

나는 이불 호청에 말려 있는 동안 꿈이었는지, 내가 지금까지가 보지 못한 전혀 낯선 곳을 다녀왔다. 이러한 체험을 임사체험이라고 하는데, 사전적 풀이를 한다고 하면 죽음에 가까이 갔다가 돌아왔다는 것을 말한다.

그러한 임사체험에 관해서는 「삼국유사」에 나오는 '수로부인'의 설화를 보면 알 수 있다. 신라 성덕왕 때 순정공이 강릉 태수로 부임할 때, 수로부인이 용에게 끌려가 칠보궁전에서 달고 향기로우며 맛있는 과일 등을 대접받고 돌아왔다. 그런 후, 수로부인이 돌아오자 그의 옷에서는 향기로운 냄새가 그윽하게 풍겼다.

이러한 임사체험을 해본 무속인들은 예상보다 많이 있다. 더구나 종교인들 중에서는 임사체험을 했다는 이가 많다고 하는 것으로 보아 임사체험은 신이 내리기 전의 통과의례와 같은 것이라고 할 수 있겠다.

나는 당시 어두컴컴한 길을 한참을 갔다. 그리고 그 길을 벗어나자 검은 빛깔의 외나무다리가 놓여 있었다. 밑으로 아득한 벼랑이 있는 외나무다리를 건너갔더니 길이 넓어지면서 숲이 우거지고 예쁜 새들이 지저귀는 무릉도원이 나타났다. 동양화에서나 나오는 한 폭의 풍경화 같은 그곳에는 천도복숭아도 열려 있었다. 나는 호기심 어린 눈빛으로 큰 대문이 있는 집으로 들어갔다. 그때, 허연 수염을 한 노인이 불쑥 앞에 나타났다.

"너는 어째서 이곳으로 왔느냐?"

"저도 몰라요. 이곳은 어디죠?"

노인은 한참을 수염을 쓰다듬으며 나를 내려다 보았다. 그러더니 나에게 나즈막하지만 단호한 목소리로 이렇게 말했다.

"너는 아직 이곳에 올 때가 안 되었다. 그러니 어서 돌아가거라."
순간, 나는 모든 것이 두려워졌다. 이곳이 어딘지도 모르면서 어떻게 집을 찾아간단 말인가? 난감하기 이를 데 없었다.
"할아버지, 그런데 저는 어떻게 집으로 돌아가죠?"
노인은 한참 나를 바라보더니 걱정말라면서 검은 강아지 한 마리를 데리고 나왔다.
"얘야, 이 강아지가 너를 집까지 인도해 줄 것이다."
"이 강아지가요? 참 예쁘게 생겼네요. 할아버지, 정말 고맙습니다."
고맙다는 인사를 마치자 눈 주위에 노란 털점이 있는 검은 강아지를 앞세워 나는 다시 왔던 길을 되짚어 집으로 향했다. 얼마를 걸어가니까 내가 건넜던 외나무다리가 나왔다.
다리를 중간쯤 건너왔을 때, 나는 노인 쪽을 돌아보았다. 그러나 순간 몸이 기우뚱하면서 낭떠러지로 떨어지고 말았다. 그때까지만해도 손에 꼭 쥐고 있던 강아지를 묶은 줄을 놓치고 말았다.
"내 강아지, 엄마, 내 강아지 좀 잡아 줘……. 엄마!"
낭떠러지로 떨어진 나는 물 속으로 빠졌다. 강아지는 자꾸만 멀어져 가고 있었다. 그런 강아지를 잡기 위해 나는 안간힘을 다해 몸부림치기 시작했다. 그러나 몸은 내 마음대로 움직여 주지 않았다.
"아니, 세상에. 주여 감사합니다. 여보! 기적이 일어났어요. 죽었던 진송이가 살아났어요. 여보! 애가 움직여요……. 오, 주여! 주여, 감사합니다."
이불 호청에 감긴 채 건넌방 윗목에 누워 있던 나는 강아지를 잡기 위해 몸부림을 치다가 잠에서 깨어났다. 나는 잠이라고 하지만 부모님께는 딸의 죽음이었다.

"진송아! 어디 보자. 아니 네가 정말 살아난 것이냐? 응? 어디 좀 보자……."

아버지와 어머니는 나를 부둥켜안고 눈물까지 흘리면서 계속해서 '주여!'를 찾았다.

어린 나이였기 때문에 꿈이라는 사실조차도 어렴풋했던 나는 부모님의 그 같은 소란이 의아스러울 뿐이었다.

그렇게 사후세계를 다녀온 후, 동네에서도 기적이 일어났다고 난리가 났다. 그러나 나는 그저 예전의 귀엽고 영특한 다섯 살의 아이로 돌아왔다.

어린시절부터 말도 또박또박 잘하고 가끔 영특한 소리를 하곤 했기 때문에 어른들로부터 귀여움을 독차지했었다.

여섯 살이 되던 해, 나는 청강생으로 국민학교를 다니게 되었다. 하지만 이미 한글과 덧셈, 뺄셈은 물론 곱셈, 나눗셈까지 다 알고 있던 학교가 시시하게 느껴졌다. 그 때만 해도 한글을 깨우치고 학교에 입학하는 아이들이 없었기 때문에 나는 학교생활이 시시하기 이를 데 없었다.

나는 사후세계를 보고 온 뒤, 이유 없이 시름시름 앓아누웠다. 워낙 잔병치레를 많이 했던 나였지만 유난히 심했다. 그런 나를 보고 계시던 부모님은 또 다른 변고가 생길까 봐 늘 노심초사하셨다.

그러나 공부는 항상 상위였다. 하지만 문제는 바람만 불어도 앓아누웠고 비가 오거나 눈이 내리면 아예 학교 갈 생각도 못했다. 영락없이 감기로 며칠씩 앓아누웠기 때문이었다.

나는 학교를 다니면서 단 한 번도 개근상을 받아본 적이 없었다. 그러나 우등상장은 언제나 내 차지였었다.

이렇게 몸이 약한 아이가 몸이 나아지면 얼마나 극성 맞았던지 부모님도 고개를 설레설레 흔들 정도였다. 동네 수박밭에서 꼬마들을 이끌고 진두지휘를 하면서 서리를 하다가 들키고, 말을 듣지 않는 아이는 실컷 두들겨 주고는 달아나 그집 부모가 우리 집에 찾아와 항의를 하기도 수차례였다.

그렇게 중학교에 진학을 했다. 하지만 중학생이 되면서 나는 폐를 앓았다. 폐결핵 진단을 받고 요양도 했었고, 피가 올라와 사경을 헤매기도 했다. 그렇기 때문에 나는 중학교 3년 내내 체육시간에 단 한 번도 참석하지 못하고 그늘에 앉아 참관만 하는 처지였었다.

중학교 2학년 때의 일이었다. 급기야 나는 폐결핵 3기로 다시 한 번 죽음의 선고를 받게 되었다. 부모님은 좋다는 것은 다 구해다 먹이며, 날 거의 움직이지도 못하게 했다.

얼굴은 창백하고 늘 식은땀을 흘리며 숨쉬기도 힘겨워 하던 어느 날, 나는 잠이 들었다가 그만 깨어나지 못하고 말았다.

날이 밝은 지 오랜 시간이 지나도 내가 잠에서 깨어나지 못하자 부모님은 다급하게 나를 흔들어댔다. 그러나 나는 숨소리조차 없었다. 어머니는 순간 덜컥 겁이 났지만, 다섯 살 때 다시 살아 났던것을 기억하며 아이를 들쳐업었다.

어머니는 부랴부랴 사람들을 불러 영종도에 있는 진료소로 우선 나를 옮겼다.

"죄송합니다. 이미 숨이 멎었는데요……."

"아니, 아무 말도 없이 그저 자다가 이렇게 됐는데, 주사 한 대 안놔주고 숨을 거두었다니요? 다시 한 번 보세요. 무슨 방법이 없을까요?"

어머니는 필사적으로 진료소의 의사에게 매달렸다. 그러나 의사는 이미 숨이 끊어졌다는 소리만을 되풀이 할 밖에 다른 방도가 없었다.

나를 업고 집으로 돌아오던 어머니는 너무나 가벼운 내가 안쓰러워 그저 눈물만 흘렸다고 한다. 집으로 돌아온 어머니는 나를 다시 눕히고 다섯 살 때의 기적을 바라면서 다시 기도를 드리기 시작했다. 아버지도 마찬가지였다.

"주여! 아직은 아닙니다. 이 아이는 세상에서 주님의 뜻으로 뭔가 더 할일이 남아 있는 아이입니다. 다시 한 번 기적을 베풀어 주소서……. 주여……."

두 분은 밤을 지새우며 눈물로 하늘에 호소를 하였다. 그러나 나는 그 시간에 죽음보다 깊은 잠의 나락으로 빠져들고 있었다.

작은 포구였다. 내가 닿은 곳에는 넓은 바다를 지난 만큼 드넓은 푸른 잔디가 깔려 있었다. 그곳은 어쩐지 낯이 익은 곳으로 처음이 아니라는 생각이 들었다. 꽃들은 활짝 피어 있었고, 그 꽃들은 나름의 향기를 뿜으며 저마다 아름다움을 뽐내고 있었다. 게다가 길을 걸어가는 도중에 아주 먹음직스럽게 열린 탐스런 천도복숭아도 보였다.

대문이 유난히 큰 집 앞에 이르렀다. 그 집 앞에는 그 언젠가처럼 수염이 허연 할아버지 한 분이 뒷짐을 지고 서 계셨다.

"아니, 넌 전에 왔던 아이가 아니냐?"

왜 또 이곳을 찾아왔느냐고 꾸짖듯이 말씀하시는 할아버지를 향해 나는 물었다.

"할아버지, 나 이 집으로 들어갈래요. 그러고 싶어요. 들어가게 해 주세요……."

호기심 가득한 내 눈빛은 자꾸 그 집 안으로 쏠리고 있었다. 그러나 그 할아버지는 너무도 단호하게 나를 밀쳐내셨다.

"너는 안 된다. 이곳은 네가 올 곳이 못돼. 이곳은 죄를 지었거나 때가 된 사람들만이 올 수 있는 곳이다. 어서 집으로 돌아가거라. 어서!"

할아버지의 표정이 워낙 단호해서 나는 더이상 조를 힘이 없었다. 하는 수없이 나는 왔던 길을 되돌아 포구로 돌아왔다. 배를 타고 집으로 가야겠다고 생각하고 배를 탔지만, 배 밑바닥이 내려앉는 바람에 나는 그만 물에 빠지고 말았다.

"아악! 살려 줘요. 제발 저를 살려 주세요……."

푸른 바다는 금세라도 나를 삼켜 버릴 듯이 달려들었다. 나는 허우적거리면서도 연신 살려달라고 소리를 지르고 있었다.

진료소에서 사망 선고를 받은 지 이틀 만에 나는 저절로 깨어났던 것이다.

그 후, 몸은 약했지만 죽을 고비는 그것으로 끝이었다.

나는 무척 센티멘털한 아이로 변모해 갔다. 나의 예시력이 돋보이기 시작한 것은 바로 그 무렵이었다.

선생님들의 일이나, 혹은 친구들의 마음을 읽기 시작했던 것이다. 나는 성적도 늘 상위권이었다. 이곳에서 어떤 문제가 나올 것이라는 생각에 늘 그곳을 공부하면 시험은 항상 상위권의 성적을 내어 주었다.

그렇다고 그 예시만을 믿고 있던 꾀보는 아니었다. 다만 나도 모르게 그저 마음이 끌려 더욱 정성을 들여 공부를 하는 곳에서 시험 문제는 많이 나와 주었던 것이다.

그리고 친구들의 마음을 읽어 종종 친구들을 놀라게 하곤 하였다. 이러한 능력은 지금의 나를 만들기 위한 전초작업이었을 것이다. 그러나 나는 그러한 능력을 전혀 이상하게 받아들이지 않았었다.

여고생이 되면서 나는 점차 무용에 관심을 갖게 되었다. 춤추기를 워낙 좋아해서 음악만 나오면 어디서든 덩더꿍 춤을 추기도 했다. 몸이 약해서 체육시간에 단 한 번도 참석하지 못했던 것을 생각한다면, 그렇게 힘들게 무용을 해도 지치지 않았던 것은 초능력에 가까운 것이었다.

그래서 대학을 진학하는 과정에서도 나는 숱한 부모님의 반대에 부딪혀 싸워야 했다.

"너는 하나님의 심부름꾼이 되든가, 아니면 약대를 가야 한다. 하나님께서 네게 두 번이나 기적을 베풀어 살게 하셨을 때에는 네가 당신의 제자로 할 일이 많기 때문이란다. 부디 마음을 돌리고 신학대나 약대에 진학해라……"

그러나 나는 고집을 꺾을 수 없었다. 그래서 나는 끝내 부모님을 꺾고 서라벌예대 무용과에 진학을 했다.

또 한번의 결혼

나의 이상한 능력은 나도 모르게 찾아왔지만, 어렴풋이 나는 뭔가에 의해 내 의식이 지배를 받고 있구나, 하는 생각을 했었다.
　여고 때는 친구들은 물론 선생님 댁의 대소사조차도 알아 맞추는 일이 있었다. 더구나 친구들의 집에 일어날 일까지도 나는 잘 맞추었다.
　아이들은 그것을 초능력이라고 말했지만, 나는 그것이 누군가의 예시에 그대로 내가 따르고 있다고 느꼈다. 그래서 나는 말 한마디, 한마디에 조심을 기울였다. 내가 한 말이 그대로 이루어지고, 내가 내뱉은 말들이 누군가 알 수 없는 존재에 의해 내려진 예시라는 사실을 인식해 가고 있었기 때문에 나는 내 자신이 무서워졌다.
　대학을 다니면서도 나는 무척 조용하고 얌전한 아이였다. 말수도 적었고 더구나 몸이 약한 탓에 학교생활을 즐기지 못하는 편이었다. 그저 수업시간만 지키면 그것으로 내가 할 수 있는 일은 다 했다고 스스로 위로하며 지냈다. 그 정도로 나는 몸이 약했다.

나의 대학 시절은 그렇게 지나갔다. 나는 휴학을 포함해서 대학 5년 동안 아버지를 잃었고, 거기에 첫사랑을 잃었다. 그리고 다시 한 폭의 수채화를 연상케 하는 두 번째 인연도 교통사고와 함께 이별을 맛보아야 했으며, 나는 점차 그런 일들을 겪으면서 독하고 이기적인 여자로 변해가고 있었다.

나는 대학을 졸업하고 친구와 무용학원을 운영하면서 간간히 어머니가 하시던 부동산 업무를 봐 주기도 했다. 워낙 머리가 잘 돌아가는 탓에 어머니의 일에 나는 큰 도움이 되었다. 그러나 뭐니 뭐니 해도 내가 좋아했던 일은 바로 아이들에게 무용을 가르치는 일이었다.

무용학원은 비교적 잘 되는 편이었다. 수강생을 선착순으로 받을 정도였기 때문에 늘 우리 학원의 수강증을 끊으려고 학부모들까지도 새벽부터 줄을 섰다.

그러다 나는 어머니의 강요로 결혼을 하게 되었다. 당시 전남편은 동네에서 작은 전파상을 하는 교회 집사로, 어머니가 보시기에는 데릴사위로 안성맞춤이라고 점찍어 두었던 사람이었다.

그 사람의 첫인상은 편하고 착하기 그지없어 보였다. 그러나 그가 그토록 무서운 폭군이라는 사실을 알게 된 후로 나는 결코 첫인상을 가지고 사람을 판단하지 않게 되었다.

손톱만큼의 애정도 갖지 않았던 그와의 불행한 결혼 생활이 몇 년 동안 지속되었다. 그리고 난 그와 이혼을 할 때까지 단 한 번도 자발적인 성충동을 느낀 적이 없었다. 난 그저 그의 동물적인 욕구를 채워 주기 위한 수단에 지나지 않았다. 나에게 있어 성이란 치욕과도 같은 것이었다.

사실 내 나이 마흔을 훨씬 넘긴 지금도 나는 남녀간의 성관계는 애정이라고 생각한다. 그것이 선행되었을 때 부부관계도 원활하게 이루어진다는 것이다. 단지 욕구를 충족시키기 위해 치러야 하는 섹스는 고문일 뿐인 것이다.

결혼과 동시에 어머님이 차려 준 가게에 그와 나는 장사를 시작했다. 이상스러울만치 장사도 수월하게 잘되는 편이었다.

결혼 후, 그는 몇 달도 되지 않아 본색을 드러내기 시작했다. 결혼을 하고 보니까 그의 학력은 고등학교 졸업이라고 했던 그의 말과는 달리 국민학교 수준이었고, 성격은 파탄자에 가까웠다.

그가 집에 들어오는 날은 일주일이면 2~3일 정도였지만, 오히려 그가 없는 시간이 내게는 행복한 시간이었다.

그는 집에 들어온 날이면 얼굴과 목, 다리, 팔을 빼놓고 옷으로 감춰지는 부위를 사정없이 묶어 놓고 때렸다. 어떤 때에는 가죽 벨트로 어떤 때는 몽둥이로……. 그리고는 고통스러워하는 나의 모습을 즐기는 것 같았다. 그는 분명 정신 이상자였을 것이다. 그러나 나는 한 가닥 그가 나에 대한 열등의식 때문에 그다지도 가혹한 행위를 하고 있다고 믿었다.

그는 나를 가해하면서 마냥 즐거워했었다. 늘 싱긋이 웃으면서 그 모든 행동을 했기 때문이었다. 구역질을 해대는 나를 풀어 주고는 등을 돌리고 코를 골면서 잠을 자는 그에게 나는 문득문득 살의를 느꼈다.

그는 그때, 부모에게 물려받은 것 없이 워낙 어렵게 자라왔기 때문에 성격에 결함이 있었을 것이다. 그래서 그렇게 본성에도 없는 악의를 드러내 결국은 철천지 원수가 되어 내게 미움을 샀던 것은 아닐지……. 그러나 나는 이제라도 그가 어느 하늘 아래서 잘살고 있기를 진심으로 바라고 있다. 그가 아니더라도 내가 알고 있는 모든 사람이 잘 살아야 한다는 것이 내 올곧은 마음일진데 그라고 못살아야 한다고는 생각지 않는다.

그러는 과정에서 나는 아이를 가졌고, 그리고 그 아이는 부모의 사랑 한번 제대로 받아보지 못하고 세상을 떠났다. 나는 아이를 잃고 거의 넋을 놓고 살았다.

아이의 베개를 부둥켜안고 온 동네를 헤매고 다녔다. 그것은 아이가 죽었다는 사실을 인정하기 싫었기 때문이었다. 그리고는 아무 남자만 보면 몸을 숨겼다. 무서웠기 때문이었다.

남편의 베개에 빨랫줄을 걸어서 목을 조른다고 힘을 주다가 기절하기가 일쑤였던 그 즈음, 그런 나를 도저히 두고 볼 수 없었던지 어머니는 나를 개봉동에 있는 원호병원이라는 정신병원에 입원을 시켰다. 그러나 정신병원에 가면 나아질 것이라는 어머니의 바람에도 불구하고, 그곳에서도 나의 증세는 별다른 호전을 보이지 않았다.

삼 개월 이상을 정신병원에 있었어도 나의 정신병이 나아지지 않자, 어머니는 정신병을 고칠 수 있는 기도원을 물색했다. 동두천에 있는 미리암이라는 기도원이었는데, 그곳에 들어간 나는 정신병원에 있었을 때보다 훨씬 더 정상이 아닌 상태였다.

나는 기도원에서 숱하게 맞았다. 정신을 차리게 만들기 위해서 안수기도를 하는 과정에서 쓰는 방법이었던 것이다.

기도원 집사는,

"예수를 믿습니까?"

하고 물었고 나는 나도 모르게 단 한 번도 해보지 않았던,

"나무아미타불······."

을 외웠다. 매질은 더욱 심해지고, 나의 몸과 마음은 죽기 일보직전까지 가 있었다. 그리고 혼자만 있으면 어디선가 하얀 소복을 입은 할머니가 밖에서 나오라고 손짓을 했다. 그곳에 있으면 죽는다는 것이었다.

나는 그 할머니의 손짓을 따라 기도원을 탈출하기에 이르렀다 내가 생각해도 나는 그곳에서 죽을 것만 같았다.

기도원을 빠져나와 무조건 택시를 잡아탔다. 맨발에다 머리는 이미 기도원에서 도망가지 못하도록 빡빡 깎아두었기 때문에 택시 기사는 나를 이상하게 쳐다보았다.

"아저씨, 서울에 있는 우이동으로 가 주세요."

나는 한 번도 가보지 않았던 우이동의 한 절을 향해 가고 있었던 것이다. 내가 말하고 있는 곳이 어디인지는 나도 알 수가 없었다. 그리곤 가지고 있던 돈을 택시비로 치르고 절 앞에서 곧바로 기절을 해버렸다.

우이동에 있는 도선사. 나는 그곳에서 삼 개월 가량 일을 해주며 정신병도 고치고 몸도 건강을 찾아 다시 집으로 돌아왔다.

그리고 어머니를 설득하기 시작했다. 그때, 처음으로 나는 어머니께 우리 부부가 살아온 세월을 털어 놓았다.

"왜 이제서야 그런 이야기들을 하는 것이냐? 진즉 얘기했더라면 네가 지금 이런 몰골은 아니었지 않겠니? 별 수 없다. 헤어지거라."

처음에는 우리 집안에 남편이 무능하다는 이유로 이혼을 하는 일은 없었노라며 펄펄 뛰시던 어머니도 나의 이야기를 다 듣고는 서둘러 이혼을 하라고 말씀하셨다.

그저 자식을 잃은 아픔에 정신이 나갔다고만 생각하셨던 어머님은

눈물을 흘리시며,
 "하나밖에 없는 자식 신세를 이 에미가 망쳐 놓았구나······."
하시며 전 재산을 퍼주더라도 이혼을 하라고 말씀하셨다.
 전남편은 절대 이혼을 해 줄 수 없다고 나를 몰아부쳤다. 정신나간 여편네도 아내라고 참고 살았는데, 굳이 이혼을 하려면 그만한 보상을 하라는 것이었다.
 결국 나와 어머니는 어머니가 차려 준 가게와 집을 전남편에게 모두 주는 조건으로 합의 이혼을 얻어냈다.
 누군가 결혼은 무덤이라고 했던가?
 그것이 어떤 의미를 내포하고 있는지는 몰라도 내게 있어 결혼은 무덤이자 지옥이었다. 그리고 내 생에 있어서 가장 최악의 상태를 맛보게 했던 시기였다.
 그 후, 나는 어머니의 일을 도우면서 다시는 결혼을 하지 않겠다고 결심을 했었다.
 그러나 나라는 여자의 팔자가 혼자 살라는 팔자는 아니었는지 지금의 남편을 만나게 되었다.
 처음 지금의 남편을 만난 우리 어머니는 남편이 전라도 사람이어서 싫다고 결혼을 반대하셨다. 그러나 나는 '이 남자라면 평생을 의지하면서 오손도손 살아갈 수 있을 것' 같다는 생각이 들었다. 그리고 지금 우리는 서로를 이해하고 존중하면서 늘 즐거운 마음으로 결혼생활을 이어 나가고 있다.
 다만 효원이 이후에 아이가 없다는 사실 하나만으로 나는 남편에게 미안한 마음을 가지고 있다. 그러나 그것이 내 마음대로 되는 일도 아니고 이제는 모든 것을 포기한 상태로 두 사람만의 생을 찾으려 노력

하고 있다.

 비록 내 배 앓고 낳지는 않았지만, 우리 부부에게는 친자식 같은 75명의 아이들이 있기에 하나도 외롭지 않다. 우연한 기회에 맺어진 경기도 안양시에 있는 고아들은 지금 나에게는 희망이고, 사랑이며 영원한 등불처럼 곁에 있기 때문이다.

아들에게 사랑을

　책을 쓰느라 분주할 즈음, 나는 한 아이를 잃었다. 물론 그 아이의 잃음을 예상하지 못했던 것은 아니지만, 나는 그 아이를 잃음으로 해서 한동안 아무 일도 할 수 없었다. 그 아이를 처음 만난 것은 시골 마을의 시외버스 터미널 화장실이었다.
　1년 전의 일이다. 나는 산기도를 다녀오면서 어느 낯선 시골 마을의 시외버스 정류장에서 간단한 요기거리를 사려고 내린 적이 있었다. 마침 그때는 남편이 함께 동행을 했던 터라 나는 남편에게 사는 것을 맡기고 화장실을 찾았다.
　예의 공중 화장실이란 아무리 수세식이라고 해도 청소도 제대로 되지 않아 악취가 돌기 마련인데, 갑자기 화장실을 들어서는 내 등골이 서늘해옴을 느꼈다. 그리곤 한 화장실 앞으로 발걸음이 멈춰졌다.
　화장실 안의 커다란 휴지통에는 신문 보퉁이가 꽤 커다랗게 뭉쳐진 것이 있었다. 나는 제어할 수 없는 어떤 힘으로 그 신문 보퉁이를 들어

펼쳤다. 머리만 커다랗고 몸은 신생아의 몸 정도밖에 되지 않은 아이가 눈을 동그랗게 뜨고 그 신문 보퉁이에 싸인 채 있었다. 나는 얼른 신문 보퉁이를 풀어 젖혔다. 나의 행동을 더러는 소리를 지르며 물러서서 쳐다보는 여자들도 있었지만 나는 개의치 않았다.

겉옷을 벗어 나는 그 아이를 감싸 안고 남편에게로 돌아왔다. 남편은 어리둥절한 표정으로 나를 바라봤다.

"뭐야? 어디 있었는데……."

"화장실 쓰레기통에 신문지로……."

나는 울고 있었다. 신문지의 검뎅이가 묻어 있는 그 아이는 그저 멍하니 울고 있는 내 얼굴을 바라보고 있었다. 그 눈이 어찌나 해맑은지 나는 그만 소리 내어 엉엉 울고 말았다.

"됐어. 안양으로 가야겠군."

남편도 눈물을 글썽이며 내 어깨를 툭툭 다독여 주더니 차를 몰았다. 나는 달리는 차 속에서 내내 울음을 그칠 수가 없었다. 아이를 안은 나의 손에 힘이 들어갔다. 도대체 어떤 부모길래 아이를 이처럼 비참하게 버릴 수 있었단 말인가? 이런 아이들을 수용하는 고아원도 있는데, 이다지도 몽매하게 내다버린 부모는 어떤 사람들일까?

하물며 동물도 하지 않는 짓을, 자식을 낳아 아무리 기형이라도 이렇게 처참하게 내다버릴 수가 있는 것인지……. 나는 나 자신에게 화를 내고 있었다.

그러면서 나는 내 아들 효원이를 떠올리며 기형이라고 바깥 구경 한 번 못시킨 나 자신을 향해 다시 한 번 자책하고 있었다.

"그만 울어. 어디 한두 번 겪는 일인가? 운다고 해결될 일도 아니고……. 그런데 이 애기는 좀 이상하지 않아?"

"병원에 가 봐야 하는데, 우선은 씻기고 옷도 입혀서 데리고 가야죠."

남편은 운전을 하면서도 내내 힐끔힐끔 아이를 건너다 보면서 진심으로 안쓰러워했다.

안양시 변두리에 위치한 어느 고아원.

내가 그곳과 인연을 맺은 것은 신을 받은지 얼마 되지 않아서였다. 그때에는 부천에서 신당을 차리고 있었는데, 워낙 가난했기 때문에 무허가 판자촌에서 시작을 했었다.

그때, 나는 주변에 살고 있는 가난에 찌든 부모와 아이들을 싫도록 보았던 터였다. 그래서 굿을 하고 남은 음식을 주위에 나누어주면, 고맙게 받아먹는 집도 있었지만, 더러 기독교를 믿는 집들은 그 음식을 내게 집어던지며 '마귀가 씌인 년'이라고 욕설까지 덤으로 주었다.

그 무허가 판자촌의 옆집에는 늘상 파출부며 하다못해 노동판의 부역까지 나가는 아주머니가 아이들을 데리고 어렵게 살고 있었다. 그 집은 내가 떡이며 과일, 사탕이나 과자 등을 건네주면 고맙게 받곤 하였다.

그런데 그 아주머니는 일주일이면 이틀을 일도 나가지 않은 채 고무장갑과 내가 준 음식의 일부를 챙겨 어디론가 가곤 하였다. 나는 점점 그 아주머니가 가는 곳이 궁금해지기 시작했다.

"아줌마, 아니 애들을 다 줘두 모자랄 음식들 싸가지구 맨날 어디를 가요?"

"예에……. 자원봉사 하는 곳이 있거든요. 그래서 거기 애들이 눈에 밟혀서……."

자신도 달동네에서 아이들이 먹고 싶다는 것 한 번 마음껏 먹여 보지도 못하는 처지에 자원봉사를 하러 그나마 옆집 무당이 싸 준 음식을 나누어 들고 간다는 얘기를 듣고 기가 막혔다. 게다가 매일 벌어도 언제나 이놈의 달동네를 떠나나 싶은 처지에 일주일에 이틀을 자원봉사 하러 간다는 이야기는 나에게 차라리 충격이었다.

갑자기 나는 둔중한 것으로 뒤통수를 얻어맞은 듯한 느낌을 받았다. 그래도 나는 매일 벌어서 궁색하지 않게 먹고는 살수 있는 처지였음에도 누구를 위해 자원봉사는 커녕 동네 아이들에게 떡이며 과일, 과자 등을 나누어 주는 일로 보람을 찾고 있었으니 말이다. 문득 나 자신이 얼굴을 들 수 없을 정도로 부끄러운 생각이 들었다.

"거기가 어딘데요?"
"멀어요. 안양이에요."
"나두 좀 가서 도우면 안 될까요?"
"에이그, 쉬운 일이 아니에요. 게다가 보살님은 바쁘잖아요. 됐어요. 이 음식이랑 과자들 보살님이 주시는 거라고 내가 말씀 다 드렸어요……. 얼마나들 고마와 하는데요……."
"아니에요 아무리 바빠도 오늘 하루 쉰다고 문 닫을라구요."

물론 지금은 하루에 다섯 명 정도만 예약을 받아서 점을 봐 주고 있지만 그때만 해도 오는 손님을 마다하지 않았던 터라 손님이 끊이질 않았기 때문에 신당을 잠그고 나면 애써 찾아왔던 손님들에게도 못할 짓이기는 했다. 그러나 자꾸만 나의 마음은 그 안양시에 있다는 고아원으로 향하고 있었다.

나는 고집을 피우며 그 아주머니를 따라 나섰다.

경기도 안양시, 그곳도 산동네 같은 곳으로 작은 가정집들이 산허리에 다닥다닥 붙어 있었다. 골목에 들어서자 악취로 숨이 막힐 지경이었다.
 그 고아원에는 몸도 제대로 가누지 못하는 아이들 삼십 명 가량이 방바닥을 기어 다니기도 하고, 한쪽에 멀거니 앉아 있기도 했다. 어떤 아이는 옷에 똥오줌을 싸 놓고도 모르는 듯 그저 털퍼덕 앉아 뭉개버리기도 했다.
 나는 그 아주머니와 함께 팔을 걷어붙이고 아이들의 옷을 벗겨 몸을 씻기고, 청소를 했다. 그리고 준비해 간 쌀과 음식으로 밥을 지어 먹였다. 원장은 그저 고맙다고 연신 감사의 뜻을 표했다.
 팔다리가 비틀리는 아이를 씻기기란 여간 힘든 일이 아니었다. 수저질도 제대로 못하는 아이들을 밥 먹이기기도 힘들기는 마찬가지였다. 그래도 조금 컸다는 아이들은 혼자 먹어보려고 애를 썼지만, 거의 반 이상을 흘려가며 수저질을 했다.
 '할아버지, 도대체 이 아이들이 무슨 잘못을 저질렀단 말인가요? 이게 무슨 천형이란 말입니까……'
 나는 흐르는 눈물을 닦지도 못하고 아이들을 돌보며 할아버지께 그렇게 끊임없이 원망을 돌리고 있었다.
 하루가 어떻게 갔는지 알 수 없었다. 그렇게 하루를 보내고 돌아오는 길에 나는 흐르는 눈물을 주체하지 못하고 엉엉 울어 버렸다.
 "에이그, 마음도 약하시지……. 고만 우세요. 내가 죄 지은 것 같네요. 그래도 보살님 같은 분이 있으니 그 애들이 굶지는 안잖아요……."
 아주머니는 나의 등을 토닥이며 위로해 주었다.
 그 후, 나는 그 아이들을 위해 뭔가를 해야겠다는 생각으로 밤잠을 설쳤다. 그러나 내 형편도 그리 썩 좋은 편은 아니었기 때문에 뭔가 큰 일을 해 줄 수는 없었다.

나는 굿을 하거나 치성을 드리고 나면 남은 음식이나 쌀, 고기 등을 싸가지고 한 달이면 두어 번씩 그곳에 들러 아이들을 씻기고 먹이는 일을 했다. 처음에는 눈물범벅에 비위까지 상해서 물도 마시지 못할 지경이었지만, 시간이 흐를수록 점점 나아졌다.

내가 어느 정도 돈을 모아 지금의 도광사로 이사를 오고 나서부터는 몰려드는 손님과 잦은 산기도 때문에 자주 찾아보지 못하였으나 한 달에 한 번은 꼭 가서 하루 종일 아이들과 함께 놀아 주기도 한다.

이젠 그곳에 아이들이 75명으로 늘었다. 그것은 그만큼 많은 부모들이 자신의 아이가 정박아나 기형이라는 이유로 버리는 경우가 많다는 것을 반증하는 것이다.

"엠마, 엠마······."

아이들은 내가 나타나면 잘 되지도 않는 발음으로 '엄마'를 부르며 반가이 달려들곤 한다. 내 품에 안겨서는 그저 가슴에 머리를 묻고 한동안 온힘을 다해 끌어안는다.

원장님께서는 늘 내게 고맙다는 인사를 아끼지 않지만, 나는 아직도 내가 하고픈 만큼 하지 못하고 있다. 나는 그 아이들 뿐 아니라 그 아이들에게 사랑을 베풀어 줄 수 있는 무의탁 노인들을 함께 모시는 것이 꿈이다.

시외버스 터미널의 화장실에서 주운 아이를 그곳으로 데려가니 다른 아이들이 벌떼처럼 몰려들어 그 아이를 환영했다. 늘 정에 굶주려 사는 아이들이라 사람을 무척 따랐다.

그 아이들은 얼마나 순수한 마음을 가지고 있는가? 어른들도 소리를 지르며 뒤로 물러설 만큼 아이는 정상이 아님에도 작다는 이유로 '아까, 아까' 하면서 예뻐해 줄 수 있는 그 아이들의 마음을 나는 닮고 싶다.

그 아이는 기형 중에서도 머리만 커지는 기형이었다. 상대적으로 몸은 자꾸만 작아졌다. 그래서 똑바로 눕힐 수도 없었고, 더구나 입원도 받아 주지 않을 정도로 난치 환자였다. 그런데도 나는 그 아이에게 정을 듬뿍 주었다. 얼마간의 시간이었는지 몰라도 그 아이가 그 냄새나는 공중 화장실 쓰레기통에서의 기억을 찾지 말았으면 좋겠다고 생각했다.

아이는 내가 가면 눈동자를 굴려 나만을 주시한다. 그 아이는 알고 있을까? 이 에미가 저를 위해 하루도 빠짐없이 기도하고 있다는 것을…….

나는 언제부턴가 그 아이가 생명이 다해감을 느낄 수 있었다. 그러면서부터 나는 할아버지와 신령님들께 그 아이가 다시 태어날 때에는 좋은 부모 밑에 태어나 귀한 대접받기를 언제나 기도 드렸다.

그런데 모두들 가정의 달이라고 들떠 있던 5월, 아이는 내 곁을 떠났다. 우리 아들 효원이처럼 말 한 마디도 남기지 않고…….

나는 흐르는 눈물을 주체할 수 없었다. 그리고 그 아이가 반드시 삼 개월 안에 어느 귀한 집 아들로 태어날 것을 나는 믿는다. 할아버지께서 그렇게 해 주시겠다고 약속하셨다. 그리고 할아버지의 약속 뿐 아니라 모든 신들은 그 아이의 맑은 영혼을 담아 반드시 귀한 집 자손으로 다시 태어나게 해 줄 것을 나는 믿는다.

몇 달 전, 나는 모아둔 돈으로 도광사 근처에 몇 평 안 되는 땅을 사 두었다. 주변 경관도 좋고, 아이들 학교도 가까운 곳으로 볕이 잘 드는 땅이었다. 이상스럽게도 땅값이 비쌀 것만 같았던 그 땅이 내게 아주 헐값으로 넘어왔다. 할아버지께서 나 몰래 도와주신 것이리라.

이제 조금만 돈을 더 모으면 나는 그곳에 시설 좋은 집을 지어 아이들과 무의탁 할머니를 모실 것이다.

부모의 정을 받지 못하고 자라는 그 아이들에게는 무의탁 노인들이 할머니가 되어 줄 것이고, 아이들은 그 할머니들의 손주가 되어 줄 것이다.

그때 아이들이 늘어 백 명이어도 좋고 천 명이 되어도 좋겠다. 내가 능력이 닿는 한 적어도 헐벗기고 굶기지는 않을 자신이 있기 때문이다.

나는 신의 제자가 되면서 늘 사랑과 평화에 대해 언제나 실천을 하려고 나 스스로에게 다짐하고 있다. 물론 내가 하는 일이 사랑이나 평화라는 거창한 일은 아니다. 다만 내가 하는 이 일이 사랑과 평화의 작은 힘이 되길 바라는 것뿐이다.

세상에 인간이 믿고 의지하는 모든 신들은 바로 이 같은 사랑과 평화를 바라는 것이 아닐까? 그것은 평범하게 살아가는 우리가 할 수 있는 정도의 작은 일부터 실천에 옮기면 되는 것이다.

나는 매일 신당에 들어가 이렇게 기도한다.

"신이시여! 보잘것없는 제가 그 아이들의 모자란 손과 발이 되게 하여 주십시오. 그 아이들의 모자람을 채워 주는 진정한 엄마가 되도록 바르게 인도해 주십시오……."
라고.

5장...
영광의 미래를 예언한다

나는 세상과 하나된다

　때때로, 무녀로서 살아가는 일이 가시밭길을 걷는 것처럼 고통스럽게 느껴질 때가 있다.
　이렇게 고통스러운 날에는 신당에 가만히 웅크리고 앉아 있는 버릇이 있다. 두 무릎을 세워 가슴에 붙이고, 꼭 어머니 자궁 속에 들어앉아 있는 태아처럼 내 심장 소리를 들으며 몇 시간이고 그렇게 앉아 있다. 그럴 때면 어김없이 신들이 내게 다가온다. 그럴 때 그분들은 한없이 다정하게 말을 건넨다. 내 눈물이 가슴 아프신 것이다.
　신들이 나를 위로하는 방법은 참 다르다. 동자신은 명랑하게 떠들어서 내 기분을 달래려 하고, 우리 어머니는 나를 꼭 안아 주신다. 그런데 우리 사명대사 할아버지는 내 마음의 눈을 깨워 주며 넓은 세상을 보여 주신다. 가만히 웅크리고 앉아 있는 나에게 어마어마하게 커다란 세상의 비밀을 보여 주기도 하고, 이 세상의 앞날을 보여 주기도 한다. 이럴 때는 다른 어느 때보다 목소리도 또렷하게 들리고 보여 주시는 비전도 선명하다. 내 정신은 나도 모르게 칼날 끝처럼 날카롭게 서서 그 놀라운 비전을 하나도 놓치지 않고 받아들인다.

가장 외로운 순간에, 이 세상에 오직 나밖에 없다고 느끼는 순간에 나는 가장 큰 세상을 볼 수 있는 것이다. 대한민국 시흥시의 조그마한 방구석에 앉아서 바깥의 한없이 넓은 세계와 그 앞날까지 한눈에 볼 수 있는 것이다. 그 순간 나는 세계와 하나가 되고, 더 이상 외롭지 않다.

내가 처음으로 신의 능력을 빌어 이러한 미래를 볼 수 있었던 날, 그때 나는 몸이 극도로 쇠약해진 상태였다. 물론 평소에도 건강이 썩 좋은 편은 아니다. 손발이 늘 차고 축축하고, 최고혈압과 최저혈압의 차이가 거의 없이 늘 낮아, 한번은 병원에서 진단을 하던 의사가 깜짝 놀랐던 적이 있었다. '이 정도면 죽은 사람의 혈압'이라고. 죽어야 할 사람이 아직까지 살아있는 거라고.

그 정도로 낮은 혈압을 가지고도 사는 데 별 지장 없는 내 생활을 보면서 나는 내 목숨을 연장시켜 주고 있는 신의 힘을 느낀다. 왜 나를, 왜 나 심진송의 목숨을 돌봐 주시는가. 왜 이다지도 아껴주시는가. 사명대사 할아버지는 내게 우리나라의 미래를 보여 주던 날 바로 그 대답을 해 주셨다. 하나 뿐인 목숨, 세상을 위해서 살라는 것이었다. 할아버지의 목소리는 단호하고 엄했다.

'아픈 사람만이 아픈 세상을 치유할 수 있다. 너는 한평생 아프게 살았다. 너의 그 아픔을 기억하면서 세상을 위해 살아라……. 작은 벌레 하나부터 지구에 사는 50억의 사람들은 다 하나로 연결돼 있다. 그래서 가장 큰 일은 가장 작은 일에서 시작할 수 있는 것이다……. 지금부터 네게 큰일을 맡기려 하니, 내가 보여 주는 것을 하나도 놓치지 말고 기억해 두어라……."

 당시 나의 온몸과 온정신은 지쳐 있었다. 지나온 세월에 대한 회한, 남편과의 갈등, 많은 사람들 사이에서도 느끼는 어찌할 수 없는 외로움들이 자꾸만 내 영혼을 늪 속으로 밀어 넣고 있었다. 허우적거릴 수도 없이 죄여오는 늪. 어둠. 차디찬 습기. 그 속에서 나는 헤어나올 생각조차 하지 못하고 바닥으로 잦아들고 있었던 것이다. 본디 사람의 영혼이 병들면 육신도 자연스럽게 병이 들게 되어 있다.

 나는 영혼과 육신이 따로따로 결별하면서 제대로 걷지도 못할 만큼 기력이 쇠약해져 엉금엉금 기듯이 신당 안으로 들어갔다. 불혹의 나이를 넘기는 동안 내 삶의 유일한 휴식처가 되어 준 신당 안에서 탈진한 상태로 나는 한참을 태아처럼 그렇게 웅크리고 앉아 있었다.

 그때 사명대사 할아버지의 벼락같은 음성이 들린 것이다. 나는 감당할 수가 없었다. 이 작고 보잘것없는 내 하나의 삶조차 이기지 못하고 고통스러워하는 내게 세상을 위해서, 세상을 향해서 나서라는 할아버지의 말씀은 이내 고통으로 다가왔다. 그때처럼 할아버지가 무섭고 야속했던 적이 없었을 정도였다.

 그렇게 신당 한가운데 하얀 도포를 입고 하얀 수염을 늘어뜨리고 엄한 눈을 날카롭게 번뜩이며 서 있는 할아버지께 나는 다 기어가는 목소리로 대들었다.

 "할아버지, 저는 힘들어서 못살겠어요. 저 사는 거 할아버지께서 더 잘 아시잖아요. 너무 외롭고 이렇게 무녀로 살아가는 내 인생이 힘겨워 매일매일 울면서 살잖아요. 그런데 세상을 위해서 살라니요?

 저 그럴 기력 없어요. 내일이 오는 게 무서울 정도로 내 삶이 힘겨워 잠도 제대로 못 자고 살아요."

그때 할아버지가 말씀하셨다. '아픈 사람만이 아픈 세상의 주인'이 며 '아픈 사람만이 세상을 치유할 수 있다'고. 처음 그런 말을 접하게 된 나는 그 말을 이해할 수 없었다. 솔직한 표현으로 '성인군자는 당신 이지 내가 아니라'고 대들고 싶었던 것이다. 부디 '내가 감당할 수 없 는 것은 보여 주지 말라'고 소리 지르고 싶었다. 그러나 이미 신이 결 정한 일이라면 따라야만 하는 것이 내 운명임을 알기에 더 이상의 반 발을 할 수는 없었다. 그래서 나는 이내 몸을 추스려 반듯하게 앉아 예 언을 받아 들였다.

그러는 사이 몇 시간이 지났을까, 아니 며칠이 지났을지도 모른다. 아니면 단지 몇 분이었을지도 모르는 그 사이에 나의 온몸은 흠뻑 젖 어들었다. 머리 속에는 신이 내게 보여 준 온갖 비전들이 복잡하게 뒤 엉켜 있었다. 목이 바짝바짝 타서 물을 마시고 싶은데 일어나 걸어 나 갈 힘이 없었다. 무릎을 세우면 푹 꺾어지고, 손가락 하나조차 움직일 수가 없었다. 예언을 받으면서 '이제 나를 데려가시려는 마음이셨나 보다'는 생각이 들 정도로 나는 온통 몸이고 마음이고 피폐해질 대로 피폐해져 있었다. 그러나 정신만은 점점 또렷해졌다. 정신이 실낱같은 의식을 붙들고 '어서 일어나라'고 외치고 있었다. 그때 나를 엄마처럼 따르는 이웃집 아이가 들어왔다. 아이는 깜짝 놀라서 나를 흔들어 깨 웠다.

그제서야 나는 겨우 여기가 부천시 우리집 신당이고 내가 아직 살아 있음을 실감할 수 있었다. 나중에 듣기로는 들어와서 보니 내가 마치 물에 들어갔다 나온 사람처럼 머리카락까지 다 젖은 채 시체처럼 엎어 져 있는데, 그 와중에도 손을 꽉 쥐고 있어서 손을 펴보니 손바닥이 꽉 쥔 손톱자국으로 멍이 맺혀 있더라고 했다.

목숨을 담보로 받은 신탁. 어쩌면 내 생애 최대의 신탁일지도 모른다. 왜 하필이면 이렇게 거대한 비전을 내가 가장 외롭고 지쳐있을 때 보여 주셨을까. 이제 생각하니 그것 자체가 하나의 상징이었던 것 같다. 그때 나의 상태가 바로 이 세상, 우리 나라의 상황이었던 것이다.

그렇게 해서 받은 계시들에 대해 나는 이제껏 함구해왔다. 너무나도 커다란 예언들이라 쉽게 입 밖에 내서는 안 되는 것이었다. 앞날을 얘기하는 것은 천기누설이라 하여 무속인들 사이에서도 금기시하고 있다. 나 역시 그렇게 생각해서 입조심을 해왔던 것이다.

그러나 아무리 '천기누설'이라도 누설을 해야 할 때는 분명 있다. 나는 바로 지금이 말해야 할 때라는 계시를 받았다. 어쩌면 그것은 지금 내가 예언을 밝힘으로써 환란의 시기를 늦출 수 있다고 믿는 할아버지의 뜻일지도 모른다. 나는 정치도 모르고 경제도 모른다. 할아버지께서는 내가 속세에 물들어 속된 표현으로 '약아지는' 것을 싫어하셨다. 그래서 그저 오는 손님의 점사를 봐 주고 남은 시간에 신당에 앉아 신들과 대화만을 하게 하셨다.

할아버지는 내가 김일성의 죽음을 예언하면서 치르는 유명세조차도 싫어하신다. 아무나 만나서 이러쿵저러쿵 예언을 한다는 사실이 못마땅하신 모양이었다. 어떤 때는 좀처럼 공수를 내리시지 않아 애를 먹을 때가 있었다.

그런데 사명대사 신이 이제는 말을 하라고, 사람들에게 알리라고 말씀하셨다. 이것이 내가 이 책을 쓴 이유이다.

일본은 멸망한다

　이 책을 쓰면서 나는 많은 사람들의 도움을 받았다. 평소 잘 알고 지내던 교수, 기자들이 가장 많은 도움을 주었다. 그들이 내게 풀어놓은 얘기를 들으면서 나 외에도 미래의 예언을 한 사람들이 많으며, 그 예언들 중에서 많은 부분이 내가 본 우리 나라의 미래와 비슷하다는 사실을 알게 되었다. 놀라지 않을 수 없는 일이다.

　많은 예언자들 중에 먼저 탄허 스님이 계시는 놀라운 것이다. 그분은 우리 시대의 성현으로 칭송 받았던 분이다. 그는 미국이 월남전의 깊은 구렁텅이에 빠져 들어가는 것을 보고,

"미국은 결국 전쟁에서 지며 망신만 당하고 쫓겨난다."

고 예언을 했다. 물론 모든 사람들이 고개를 흔들며 스님의 말을 믿지 않았다. 그도 그럴 것이 미국의 첨단무기들과 핵 무기를 쓰면 월남 같은 조그만 나라는 통째로 뒤엎어 버릴 수도 있다고 믿었기 때문이다.

　그러나 탄허스님의 예언은 딱 들어맞지 않았는가. 미국은 1975년

미군만 5만8천 명의 전사자를 내고 세계적인 지탄 속에 월남에서 철수했다.

그러한 예언으로 세간을 놀라게 했던 탄허스님이 일본에 대해서는 이런 말을 했다고 한다.

"미래의 역사에 관한 한 일본은 가장 불행한 나라임에 틀림없습니다. 왜냐하면 일본의 선조들이 저지른 죄악에 대한 미래의 업보가 분명히 작용할 것이기 때문입니다."

세계적으로 유명한 미국의 '잠자는 예언가' 에드거 케이시도 똑같은 말을 했다. 에드거 케이시는 미국 최고의 예언가로 미국의 역사적 사건을 비롯해서 고대 아틀란티스 대륙의 침몰까지도 구체적으로 밝힌 대예언가이다. 그래서 세계적으로 기현상이 일어나면 많은 사람들이 에드거 케이시의 기록을 되찾아 본다. 그런 인물이 일본 열도가 다음 세기에 침몰한다고 예언한 것이다.

일본 멸망에 대한 것은 예언가들에 의해서만 나온 것이 아니다. 일반 사회학자들도 그런 견해를 밝히고 있다.

일본인 학자 사요따 요따로 씨도「일본 멸망론」이라는 책에서 일본이 앞으로 망할 수밖에 없는 이유를 이렇게 밝혔다.

첫번째는 식량 위기와 에너지 위기, 둘째는 부의 해외 도피와 일본 산업의 공동화, 마지막으로 일본을 망치고 있는 정치가들 등이다.

이 밖에도 15년 전 미국의 학자 전 워로노프씨도「일본은 망한다」라는 책에서 일본이 망할 수밖에 없는 이유를 분석했다.

사회학적인 관점이 아니더라도 앞으로 일본은 천재지변으로 인하여 나라가 부분적으로 바다 속으로 잠기기 시작한다. 이 부분은 얼마전 각 문고의 베스트셀러로 부상했던 안영배 편저의 미NBC 특종,「충격

대예언, 일본이 가라앉는다」에도 드러나 있는 사실이다. 이 책에서는 최면상태에서 미래를 본다고 하는 '잠자는 예언가' 에드거 케이시의 말을 빌어 '일본의 대부분은 바다 속으로 침몰한다'고 말하고 있다.

더구나 이 책에서는 현재 연구계몽협회에서 근무하고 있는 낸시 폴이라는 여자의 증언으로 케이시의 예언이 다른 예언과 다르다는 점을 들어 그러한 예언의 확실성을 더욱 강조하고 나섰다.

그 증언의 내용은,

"케이시는 일본이 바다 밑으로 가라앉는다고 하면서 '반드시(must)'라는 말을 썼다. 다른 예언들은 '일 것이다'나 '하게 된다'라는 표현이 많이 등장하는데, 케이시는 '반드시 그렇게 되는' 또는 '선택의 여지가 없는' 뜻으로 이 단어를 썼다. 그렇다고 케이시가 일본에 대해 어떤 개인적인 감정을 가졌다고 볼 수는 없다. 케이시의 정식 학력은 국졸이며, 역사나 지리를 배울 기회가 없었다. 더 확실한 것은 케이시는 최면상태에서 깨어나면 자신이 무슨 말을 했는지 기억하지 못한다."

는 것이다.

이러한 예언을 뒷받침 해 주는 예는 많다. 근래 일본 엔화의 가치 상승은 앞으로 일본경제가 수직 하강하는 전초전으로, 일본 경제는 다음 세기에 들어서서는 상상할 수 없는 몰락의 길을 걷게 될 것이다.

1995년 1월 17일 고베 지진으로 5천 명 이상이 생명을 잃었던 일, 옴 진리교의 아사하라 교주가 천만이 넘게 사는 일본의 중요 도시 도쿄를 파괴하려고 했던 일, 일본 경찰청장이 피살을 당하고 요꼬하마 등 일본 주요도시에서 끊임없이 가스테러 사건이 일어나는 일들이 현재 일본 국민의 마음을 요동시키고 있다. 왜 이러한 일들이 일어나는

가. 이것이 다 일본의 국운이 끝맺음을 할 때가 되었다는 증거이다.

일본은 옴 진리교 같은 이상 종교의 힘에 의해 제살 깎아먹기를 계속할 것이다. 이미 일본의 국운은 지난해부터 좋지 않았다. 그러나 내년에는 더욱 심해져 지진과 같은 천재지변이 많이 일어나게 된다.

정확하게 일본이 망하는 시기는 2025년 정도로 보고 있다. 그때 일본 민족들은 세계 각지로 흩어져 이민자 생활을 하게 될 것이다.

천운을 타고 난 나라

지금 우리 한민족은 5천 년 역사 이래 사상 최대의 천운, 최고의 상승기를 타고 있다. 여기서 한민족이라 얘기하는 것은 우리 남한 뿐만 아니라 북한과 해외교포들까지 포함한다.

그리고 최대의 천운이라고 얘기하는 것은 GNP 1만 달러, 무역 흑자 몇 백억 달러 수준과는 다른 얘기이다.

과거 2천 년 전 세계를 지배했던 로마, 5백 년간 '해가 지지 않는 대영제국'으로 이름을 떨쳤던 영국, 현재 경제 및 군사강국으로서 세계의 슈퍼파워로 군림하고 있는 미국이나 근래에 들어서 세계 최대 무역 흑자국으로서 경제대국으로 발돋움한 일본의 운세보다 훨씬 더 큰 천운이다. 즉, 전세계가 한반도를 중심으로 움직이는 '수퍼 팍스 코리아나' 시대가 열린다는 뜻이다.

이러한 나의 말이 쉽게 믿어지지 않을 것이다. 그러나 돌이켜 생각해 보면, 새마을운동이 한창이었던 불과 30년 전만 하더라도 우리가 이렇게까지 고도성장을 할 것이라고는 아무도 상상하지 못했다. 식민지 시대와 전쟁을 거쳐 폐허만 남은 땅덩어리에서 불과 50여 년 만에 세계 20대 무역국가로 성장하리라는 사실을 누가 알았겠는가.

마찬가지로 지금의 우리는 앞날의 영광을 믿지 못하는 게 당연하다. 그러나 사실이다. 이것을 예언한 것은 내가 처음이 아니다. 이러한 '팍스 코리아나'에 대한 예언은 멀리 식민지 시대로 거슬러 올라간다. 당시 인도의 성인, 타고르는 영적인 예언으로 가득찬 시를 지었었다.

아시아 빛나는 황금시대에
빛나는 등불의 하나인 코리아
그 등불 한번 다시 켜지는 날에
너는 동방의 밝은 빛이 되리라
마음의 공포를 떨쳐버리고
머리가 저 높은 곳을 향하여
쳐들린 곳
지식은 자유스럽고
좁다란 담벼락으로 세계가
조각조각 갈라지지 않은 곳
언어가 진리의 심연으로부터
솟아나는 곳
지칠 줄 모르는 열망에 완성을 향하여
줄달음 치는 곳
깨끗한 이성의 시냇물이 죽어버린
습관의 메마른 사막에서도

길을 잃지 않는 곳
무한히 퍼져 나가는 생각과 행동으로
우리들의 마음이 인도되는
그런 자유의 천국으로
내 마음의 조국 코리아여
깨어나소서!

이것은 예언의 시다. 한국인도 아닌 외국인이 일제의 식민지 치하에 있는 보잘것없는 나라, 세계 무대에 전혀 알려지지 않은 나라 코리아를 이렇게까지 주목하고 있는 이유는 단 하나, 타고르가 영적인 경험을 했기 때문이다. 실제로 타고르는 많은 예언을 했다. 유럽의 노스트라다무스, 미국의 에드거 케이시에 버금가는 예지력을 갖고 있었던 그는 다음 세기에 세계의 주인이 될 나라 코리아를 영적으로 미리 보았던 것이다.

대종교가의 출현

한국이 세계 역사를 바꾸고, 세계를 지도하는 나라로 나설 수 있도록 그 밑거름이 되어 줄 인물.

그는 종교적 지도자이다. 다음 세기, 한국이 세계를 지도할 수 있는 근거는 탁월한 도덕적 모범이기 때문이다. 세계의 역사를 보면 초기에는 무력, 힘이 세계를 다스렸다. 그리고 지금은 돈이 힘을 대신하고 있다. 낮은 데서 높은 데로, 저차원에서 고차원으로, 단세포에서 다세포로, 진화의 법칙은 곧 지도의 법칙이다. 힘과 무력, 돈과 자본에서 이제는 고차원적인 지도 수단이 등장하게 된다. 무력이 아닌 도, 덕, 인, 차원 높은 정신적인 힘이 새로운 세기의 지도법칙이다.

새로운 지도자는 곧 나타나게 된다. 그는 수세기에 한 번 나올까 말까 한 최고의 성인이며, 우리나라에서부터 종교화합을 시도하게 된다. 그것은 곧 세계적인 파문을 일으키며 새로운 지도원리로 등장하게 될 것이다.

종교화합은 '종교통일'이 아니다. 모든 종교의 그 뿌리를 없애고 무조건 하나로 통합하는 것은 불가능할 뿐만 아니라 이치에도 어긋난다. 각 종교마다 자기 몫의 역할이 있고, 그 자라온 역사가 있는데, 어떻게 하루아침에 그 모든 것을 다 없앨 수가 있겠는가. 종교화합은 각 종교는 그대로 두되, 그것을 뛰어넘는 거대한 종교원리, 지도원리가 등장하여 자연스럽게 각 종교를 하나로 아우르는 것이다.

쉽게 말해서, 미국이라는 나라가 각기 다른 50여 개 주로 나뉘어져 있지만 하나의 연방국가를 만들고 있는 것과 같다. 미국은 50개의 다른 주가 각기 다른 주법을 갖고 있는 상태에서 연방정부의 법인 연방헌법을 갖고 있다. 평상시 일어나는 모든 일은 주법에 의거해 일을 해결하고 처리하지만, 주법으로 해결할 수 없는 다른 주와의 이해가 관련된 일은 연방정부의 법에 의하여 해결한다. 새로운 종교원리는 바로 이런 연방정부 헌법의 역할을 하게 된다는 것이다.

물론 이 부분에서 거부반응을 일으킬 사람도 있을 것이다. 그러나 이것이 과연 가능성이 없는 얘기일까?

우연한 기회에 만나 알고 지내는 종교학자 한 분은 '종교의 뿌리는 하나'라고 생각하신다고 한다. 시대와 지역에 따라서 종교의 형태도 각기 다른 것으로 발전돼 왔지만, 창조주의 본연은 하나가 아닌가 싶다는 것이다.

한 예로, 어떤 종교든 선을 추구하고 악을 배척하며 부모를 공경하고 이웃을 사랑하면서 올바른 삶을 살아야 한다고 가르친다. 다른 것이 있다면 각각의 지역성에 따라 종교를 수행하는 의식이 다르다는 것뿐이다.

새로운 종교지도자는 앞으로 20년 안에 나온다. 그러나 앞으로 우리나라와 세계를 이끌고 갈 대종교가는 우리가 보아왔던 인간들과는 너무나도 다른 사람이다. 그는 평범하게 나타나서 자신을 '재림주'나 '구세주', '미륵불'이라고 칭송하지 않는다. 그런 인간들은 그동안 벌써 우리나라와 세계 곳곳에서 나타나 혹세무민의 악행을 저질러 왔다. 그는 더욱더 정화된 인물이며 만민을 위해 봉사하는 신망을 갖춘 인물이다.

미래의 중심이 될 통일한국

　세상일을 잘 모르는 내가 공부를 할라치면 주위 사람들은 나의 총기가 흐려질 것이라며 조심스럽게 반대해 오는 사람들이 있다.
　그들 중 한 사람이 내게 남사고 선생님의 얘기를 해 준 적이 있다. 조선 중엽 사람인 남사고 선생은 '격암유록'이라는 책을 통해 미래에 일어날 일들을 예언했고, 그 예언들은 그대로 현실로 나타났다. 선생의 예언을 간추려보면 대충 이렇다.

1. 임진년에 왜란이 일어나며 왜란은 7년 동안 계속된다.
2. 경술년(1910년)에 이씨가 망하고 왜인에게 나라를 빼앗긴다. 그리고 서른 여섯 해나 왜인의 지배를 받는다.
3. 을유년(1945년)에 왜인이 물러가고 해방을 맞는다.
4. 무자년(1948년)에 이씨의 후예(이승만)가 정권을 잡고 12년을 다스린다.

5. 경인년(1950)에 남북전쟁이 일어나며 전쟁이 3년을 간다.
6. 신축년(1961년)에 군대가 정권을 잡는다.
7. 태백산 아래(경상도)에서 세 성씨가 나와 돌아가며 군사정치를 한다.
8. 군사정치 다음에 물질 만능주의가 세상을 지배한다.
9. 물질 만능주의가 세상을 지배하면서 환란이 시작된다.
10. 환란은 경진년(2000년)부터 시작한다.
11. 이 환란의 시기에 구세성인이 출현하여 구세할 수 있는 길을 연다.

그가 예언한 대부분이 햇수도 틀리지 않고 맞아들어가고 있음을 알 수 있다. 그러나 여기서 가장 중요한 예언이 '구세성현'의 출현 대목이다. 왜냐하면 그 전의 일은 과거로 다 지났고, 미래에 있어서는 '구세성인'이 우리나라에서 나온다는 예언이기 때문이다.

이 예언을 한 사람이 나와 남사고 선생님만은 아니다. 우리나라 불교계의 성인이라고 불리는 탄허 스님도 우리나라가 21세기에 들어가면 뻗어나가는 국력을 바탕으로 한 도덕적인 힘으로 세계의 주권을 잡고 세계를 지도하는 새로운 국가가 될 것임을 예언했었다.

근래에는 「터」의 저자인 육관선생도 같은 말을 했으며, 풍수지리의 대가인 지창용 선생도 똑같은 예언을 했다. 그리고 유래웅이 라는 역술인 또한,

"한 나라가 된 통일한국은 자치국이 된 연변한국과 몽고국, 그 밖의 몽고족과 결합, 한연방을 결성한다."

는 말로 우리나라의 앞날을 예언했다.

혹자는 이러한 예언이 '헛된 말'이라고 비난을 할지도 모르겠다. 그

러나 이러한 예언은 다 천지조화로 나온 말들이다. 구세성현이 나온 시대로부터 우리나라는 앞으로 옛 고구려 광개토대왕 때의 기상으로 국력을 기르고 다시 북으로 국세를 확장한다. 그리고 세종대왕이 가졌던 지혜로 다시 한 번 선정을 펴, 세계를 요순시대의 태평성대로 이끌게 되는 것이다.

나 역시 같은 내용의 계시를 받았다. 우리나라는 분명 21세기에 들어서서 후천 세계의 역사적 중심국가가 된다. 그때 우리나라는 옛 영토를 되찾는 것을 시작으로 영토 확장 및 세력 확장을 하게 된다.

시련의 날들

　앞에서 밝힌 내용의 일들이 일어나는 20세기 말과 21세기 초반은 명암이 바뀌는 시기이기 때문에 환란이 있게 된다. 그렇다고해서 인류가 멸망하는 것은 아니다. 노스트라다무스가 예언한 1999년 7월의 '인류멸망'은 말 그대로 말세를 의미하는 것이 아니다.
　사악한 영혼이 멸망하는 것이지, 인류 전체가 멸망하는 것은 아니라는 말이다. 노스트라다무스가 말한 멸망론은 구체제가 망하고 새롭게 선한 주권이 등장하면서 새로운 체제가 도래하는 시대에 대한 예언이다. '힘의 시대'가 멸망하고 '도덕의 시대'가 열리게 되는 것이다.
　그러나 새생명을 탄생시키는 해산에는 어마어마한 진통이 따르듯이 새시대가 시작되기 전에 우리는 환란을 겪어야만 한다. 고통이야말로 온갖 더럽고 사악한 것들을 깨끗이 정화하는 길이기 때문이다.
　전세계는 지금 재림주, 구세주, 메시아의 춘추전국시대를 맞고 있다. 1978년에는 인민사원교의 창시자인 미국인 짐 존스를 구세주로 믿다가 천국행이라는 미명 아래 약 천여 명이 독극물로 집단 자살한 일이 있었다.

1993년에는 미국 텍사스주 웨이코에서 다윗파의 창시자 데이빗 코레시를 환생한 예수 메시아로 믿고, 버젓이 결혼하여 남편과 자녀들까지 있는 유부녀들이 환생주 데이빗 코레시와의 육체관계를 영생이라고 생각하기까지 하였다.

그러나 그들은 공공연히 벌여온 무기 수집과 같은 불법적인 일로 끝내 FBI와 무력 대치를 하다가 나중에는 모두가 불에 타 죽는 참사를 일으키기도 했다.

그리고 바로 작년에는 스웨덴에서 태양사원이라는 종교단체의 회원들이 사원의 지도자를 절대적인 구세주로 믿고 죽음으로서 천국에 갈 수 있다는 믿음 하나만으로 집단 자살을 한 사건도 있다.

또 바로 이웃 나라 일본에서는 옴 진리교라는 종교 단체가 도쿄에서 많은 시민들의 생명을 담보로 사린 독가스 사건을 일으키기도 했다. 물론 옴 진리교의 추종자들도 아사하라 교주를 구세성인이요, 구세주로 믿으며 집단으로 생활을 하고 있다. 그들은 육신을 벗으면 저 세상에 있는 천국에서 영원한 삶을 영위할 수 있다고 믿고 있다.

우리나라에서는 1960년대에 어느 신흥 기독교단이 '종교통일'이라는 기치 아래 외국으로까지 나가 교세를 확장시켰다. 이 종교의 특징은 교주가 재림주요, 또 그 재림주에 의한 합동결혼식으로 '세계 통일' '혈통 통일'을 이룩한다는 것이었다.

그 교주는 자신이 하늘의 왕권을 받은 재림주로, 인간이 타락한 원인이 남녀의 불륜관계라고 정의 내리고는, 그 타락성을 회복하기 위해서 택함 받은 여성들이 자신과 관계를 맺고, 또 그중에서 다시 택함 받은 남자 배우자를 통하여 '혈통왕국'을 만들고 종족복귀를 해야 한다고 주장한다.

게다가 그는 초기에 열렬한 '승공운동'을 주장하다가 나중에는 김일성을 자신의 '형님'이라고 부르며 종교인으로서는 어처구니 없는 일을 저지르는 일도 벌였다. 반면 부처님, 예수님, 공자님에 대해서는 자신의 제자들이기 때문에 '영계에 가면 내 앞에 부처, 예수, 공자가 엎드려서 경배를 한다'고까지 얘기를 할 정도로 어처구니가 없는 인물이다.

지난 1992년 서울에서 한 젊은 청년이 자신을 믿으면 천국을 간다고 혹세무민하는 '10월 공중 휴거설'을 파다하게 퍼뜨려 온통 민심을 불안하게 만들었지만, 결국 그가 지칭한 휴거일에는 아무일도 일어나지 않았었다.

또 인천에서 가까운 어떤 시에서는 한 목사가 자신이 구세주며 자신을 믿으면 '영생'을 한다고 교세를 확장해 가는 일도 있었다. 아직도 그 종교는 남아 있는데, 반대파를 숙청해가면서 교세를 확장해 가는 잔인한 집단이다. 그 바람에 그 자칭 구세주가 교도소에 들어가는 일도 있었다.

지금도 전라도 어느 지방에서는 휴거의 그 날을 기다리며 집단생활을 하는 종교집단이 있다고 한다.

실로 어처구니없는 일들이 아닐 수 없다. 도대체 왜 세계적으로, 특히 우리나라에 이렇게 가짜 선지자들이 많이 나타나는 것일까 하는 의문이 생기겠지만 답은 간단하다. 우리나라에 많은 선지자가 나타나는 천기가 들었기 때문이다. 그래서 가짜도 많이 나타나고, 또 진짜 천운을 받고 나왔다가 자만과 오만, 물욕과 정욕으로 하늘의 뜻을 그르치고 있는 것이다. 앞으로도 이런 일은 계속 일어날 수 있다.

새로운 시대

얼마 전 TV광고를 보니 세계 경쟁력을 기르자는 내용으로 우리나라가 다른 모든 것에서는 세계 하위지만, 반도체 D램 생산만은 세계 1위임을 자랑스럽게 선전하고 있었다. 이것은 결코 자랑할 만한 내용이 아닌 것 같다. 다른 것도 아닌 반도체같이 극히 물질적인 것이 세계 1위라는 것은 우리나라가 지금 물질적인 가치에 사로잡혀 있다는 증거라고 생각한다. 그러나 앞으로 얼마간은 이 물질적인 가치가 우리나라를 지배하게 될 것이다. 물질의 풍요가 극에 달하는 순간, 우리나라는 새로운 국면을 맞게 된다.

이는 마치 인간이 20대까지 육신을 키우고, 30대부터는 인간의 내면, 즉 인격과 인품을 키우는 것과도 같다. 물질문명이 극에 도달한 21세기에 인류는 깊은 내세를 알고, 자신과 우주만물과의 관계를 재정립하고자 하는 곳으로 자연스럽게 관심이 옮아가게 될 것이다.

정치학자 맥퍼슨의 말에 따르면, 인간은 기본적인 생활에 대한 욕구가 채워지면 더이상의 물질적 욕심은 부리지 않게 된다는 것이다. 그리고 그 여분의 정신적 여유가 민주주의 정치의 원동력이 될 것이라는 얘기였다.

마찬가지다. 사람은 물질만으로는 만족하지 못하게 되어 있다. 신의 오묘한 조화로 태어난 인간이 단지 차가운 쇠붙이에 집착하고 만족하는 데는 한계가 있을 수밖에 없지 않겠는가.

새로운 세기에 우리나라가 세계의 중심이 되는 것은 바로 물질을 뛰어넘는 정신적인 힘을 통해서이다. 이때에 비로소 동양과 서양의 종교가 하나로 만나게 되는데, 서양 기독교의 외적 추진력과 동양 불교의 내적인 진리탐구가 조화를 이루어 21세기의 새로운 문명을 창조하게 되는 것이다.

예수의 사랑 · 박애 · 용서 · 우애 등의 비교적 간단 명료하고 추진력 있는 종교적 교리를 통하여 서양 기독교는 외적으로 크게 과학문명, 합리적 인성 등을 발전시켰다. 그러나 이 종교는 스스로가 만들어 낸 외적인 틀에 의해 목하 타락의 과정에 있다. 마치 괴물을 만들어 낸 프랑켄슈타인 박사처럼 스스로가 창조한 과학문명에 의해 그 정신이 썩어가고 있는 것이다.

동양의 불교는 내적인 깨달음을 중요시하며 정신세계의 풍요를 이루어 내었다. 그러나 반대로 외적인 발전을 등한시하여 배고픔을 벗어나지 못하고 있으며, 그 교리가 너무 심오하고 어려워 많은 사람들이 접근하지 못하고 있다.

이러한 동, 서양 종교의 장점과 단점은 서로가 얼마든지 보완 가능한 것이다. 단지 그 매개 역할을 누가 하느냐 하는 것인데, 바로 우리나라 통일한국이 그 역할을 훌륭하게 수행할 수 있게 될 것이다. 이 과정에서 우리나라는 해산의 진통과 같은 환란의 시대를 넘기고, 한민족이 세계의 중심이 되어 마음껏 기를 펴며 사는 후천 세계의 장을 열게 된다.

그때 우리는 반도체 D램 생산 1위를 더이상 자랑스럽게 여기지 않게 될 것이다. 세계 최고의 도덕국가, 정신세계의 지도국가로 온 인류를 하나로 묶어 새로운 시대를 이끌어 나가게 될 것이다. 한국의 영광, 이는 곧 전세계의 영광이 될 것이다.

신이 선택한 대륙 아프리카

 모든 신들이 그 검은 대륙을 미래의 새로운 세계를 건설할 곳으로 선택했다면 누가 믿을 것인가?
 하지만 신들은 그들을 희생양으로 삼았을지언정 결국 그 땅을 선택했다.
 나의 영안에 들어온 아프리카의 미래는 2천 년에 들어서면서 점진적으로 발전을 거듭하여 밝은 땅이 된다는 것이다. 물론 그들 스스로가 일구어 낸 발전이 아닌 것만은 자신할 수 있는 일이지만, 그들은 반드시 새로운 지구상의 빛으로 존재할 것이다.
 그렇다면 왜 신들은 그들을 희생양으로 현재의 고통을 주고 있는 것일까?
 그 답변은 너무도 명쾌하다. 뭔가 하나의 완전한 새로운 열매를 맺기 위한 기존의 것에 대한 희생. 바로 그것이 신들이 아프리카를 선택한 이유이다.

즉, 신들은 자신들의 선택에 대한 대가로 그들의 희생을 요구하고 있는 것이다. 선택받은 이 검은 대륙은 얼마 동안 이 혹독한 시련의 바람을 맞을 것이다.

그렇다고 그들을 멸족시킨다는 계시는 없으니 일이 그렇게 되지는 않겠지만 앞으로도 그들은 많은 희생을 치뤄야 한다. 이렇게 말하는 나 자신도 너무나 무섭고 벅찬 일이 아닐 수 없다. 누군가의 희생을 겁없이 말하는 사람은 아무도 없을 것이다. 나 역시 그들의 희생을 영안으로 확인하면서 하염없이 울었다.

그들의 희생 중에는 무서운 질병이 있다. 굶주림과 무지에서 오는 병, 에볼라 바이러스 외에 또 다른 병이 생긴다는 것은 전세계적으로도 주목할 만한 얘기이다.

이미 노스트라다무스나 에드가 케이시, 고든 마이클 스캘리온 등 세계의 대 예언자들은 모두 세계 종말의 한 현상으로 지독한 환경의 변화를 예견했었다. 그리고 그 속에서 살고 있는 인간의 건강도 막대한 영향을 받게 된다고 말해왔다.

노스트라다무스는 종말의 그날, 보고 듣지도 못하게 하는 몹쓸병이 세계를 휩쓸어 수많은 사람들을 죽음으로 몰고 갈 것이라고 했는가 하면, 스캘리온도 페스트와 결핵과 같은 과거의 질병들이 극적으로 돌아오고 있으며, 공상과학 이야기에서나 나올 법한 괴상한 질병들이 미국과 제3국에서 속속 출현할 것이라고 말한다.

미국 콜럼비아 대학의 해롤드 뉴 박사는 박테리아들이 항생제로 가득한 세상에 적응할 수 있는 길을 찾고 있다고 말하고 있다. 즉, 박테리아가 변종을 한다는 얘기다.

이미 이러한 변종 바이러스는 에이즈라는 병을 만들어내 인류를 위협하고 있으며, 최근에는 아프리카에서 에볼라 바이러스가 나타나 수많은 인명을 앗아가 버렸다.

이외에도 앞으로 인류를 위협하게 될 새로운 질병은 지독한 악취가 나는 것일 것이다. 그 병은 아프리카 외에도 전 세계적으로 수많은 인명을 앗아갈 것이다. 물론 아프리카인들은 이 병이 아니더라도 싸우다가 죽거나 굶어서 죽게 되겠지만, 이제까지 겪었던 그 어떤 변종 바이러스에 의한 병보다 더 무서운 병이 세계를 한번 더 휩쓸고 갈 것이다.

그러한 희생의 대가는 다음 세대에 아프리카의 발전이다. 과연 불모의 대륙, 무지의 대륙인 아프리카가 무엇으로 발전을 할 수 있을까?

그리고 신들은 왜 아프리카를 선택했을까? 그것은 신선하고 하늘과 맞닿은 자연 그대로의 땅이기 때문이다. 신들은 이제 이 지구상에 과학과 문명의 발달이 가져온 오염을 해결할 수 있는 길은 없다고 판단했다. 결국 오염된 땅덩이 안에서 새로운 변화와 발전의 추구는 이미 무의미한 것이다. 그래서 앞으로 새로운 발전의 모토는 가장 미개하고 훼손이 되지 않은 땅에서 일어난다는 것이다.

신께서 아프리카의 미래를 보여 주면서 자꾸만 나의 영안을 뜨거운 곳으로 이끈다. 적도 부근. 아프리카의 발전은 가장 뜨거운 곳에서 시작될 것이다. 현재 적도 부근은 사하라사막과 정글에 싸여 있다. 한마디로 발전이 무망한 지대이다. 그러나 음지는 반드시 양지가 되고, 불이 있으면 반드시 물이 차게 되어 있다.

2000년대 이후로 사하라에 대홍수가 일어나 사하라사막은 물바다로 변하게 된다. 기상학자들에 따르면 지구의 온도가 계속 높아져서 북극과 남극의 빙하가 녹아 내리고 있다고 한다. 내가 보기에도 앞으로 지구에 물은 넘쳐흐르게 될 것이다.

사하라의 대홍수가 재앙은 재앙이되, 아프리카 발전의 토대가 될 수 있을 것이다.

　더구나 아프리카와 우리나라는 궁합상으로도 잘 맞는다고 하니, 미래 우리나라의 많은 인력들이 그 땅의 개척에 일조를 할 것으로 보인다. 지금부터라도 아프리카에서 우리나라만이 개척할 수 있는 무엇인가가 개발시점에 와 있어야 한다고 말하고 싶다. 지금부터라도 미지의 땅에 태극기를 꽂을 그 무엇인가를 개발하는 일에 젊은이들이 많이 고민하고 노력해 주기를 바랄 뿐이다.

21세기의 세계

경제학자인 라비 바트라 교수가 쓴 「세계 대공황」이라는 저서에는,
 "2010년 안에 자본주의가 붕괴하고 새로운 경제체제가 등장할 것이다."
라고 했다고 한다. 그는 명상을 통해 얻은 정보와 경제학적 지식으로 이러한 말들을 전하고 있다고 하는데, 그는 대공황과 함께 전쟁이 일어난다고 했다고 한다.

또한 그는 그러한 사회순환이 끝나고 다음 시대가 시작될 때, 오랜 역사 속에서 면면히 이어져 내려온 동양사상이나 동양철학이 자본주의 이후의 세계를 주도할 것이라고 했다.

그의 이러한 주장의 많은 부분이 신이 내게 보여 주신 세계와 일치하고 있다.

현재 내분이 일고 있거나 전쟁을 하고 있는 나라들은 앞으로 10년 동안은 같은 상태로 갈 것이다. 그러나 그후, 점차 평화를 찾게 되지만

그렇게 함으로써 치뤄야 할 희생은 그들의 몫이라고 신은 말씀하신다.

이러한 것들로 미루어 보지 않더라도 세계적으로 변수는 2015년까지 계속되며 그것이 시작되는 시기는 내년이다. 내년부터는 세계적으로 환란이 많으며 많은 인명의 손실이 있을 것이다.

그러한 변화 속에서 가장 발전할 나라가 바로 중국이다. 중국은 그 옛날, 대국으로서의 위상을 다시 한 번 더 보여 주게 될 것이다. 그러나 그것이 전쟁을 통한 영토확장이나 혹은 군사력 위시가 아닌 관광업 등으로 더이상 야만인이나 미개인종이 아닌 중국의 면모를 보여 준다는 것이다.

역시 그 시기는 1996년부터이다. 그들의 발전은 내년부터 시작해 머지않은 시기에 결과를 보여 주게 될 것이다. 그들의 부화는 머지않은 시기에 우리가 확인하게 될 것이다.

중국의 발전으로 인해 가장 우호적으로 중국에게 받아들여질 나라가 바로 우리나라이다. 우리나라와 중국은 앞으로 많은 우호체제와 상호협력체제를 이루면서 많은 우리 민족이 중국에 터전을 잡게 될 것이다.

그것은 무역이나 문화적인 교류로도 이루어질 수 있다. 이 예언을 듣고 지금부터라도 대 중국에 관한 준비를 하는 젊은이가 있다면 그는 반드시 앞서가는 젊은이가 될 것이다.

등소평의 죽음을 예언한 사람들은 1995년 안에 그가 죽는다고 말들을 하지만, 내 영안에 있는 그는 빨라야 1996년에 죽게 될 것이다.

등소평 사후 세계 정세는 크게 변하지 않는다. 중국 내부에서의 내분은 있지만 유혈참사를 가져오는 일은 없을 것이며, 다음에 나타나는 인물은 개혁파로서 개방의 속도가 점차 가속화될 것이다.

2005년이 되면 세계 각국들은 전쟁을 조심해야 할 것이다. 많은 예언가들이 지구의 종말을 예언하면서 3차대전의 위기를 예언한 바 있다. 내가 보고 있는 세계3차대전의 징후는 2025년에서 30년 사이이다. 이 시기에 분명 전쟁과 같은 혼란이 벌어지는데, 그후 우리나라가 주도가 되는 새로운 시대가 열리게 된다.

그때, 우리는 완전한 통일을 이루게 되지만, 그 전쟁으로 인한 피해는 전혀 없다.

나는 지금까지 내가 아는 척하면서 지껄인 모든 부분들이 내가 알고 있는 것들을 정리해서 말한 것이 아니라 그저 신이 내게 들려 주고 보여 준 것들을 이야기한 것이기 때문에 우려되는 부분이 많다.

그것은 다름이 아닌 내가 정치를 너무나 모른다는 점에서 파생될 수도 있는 부작용 같은 것이다. 그러나 나는 신의 말씀을 믿고 그를 따르는 무당이기 때문에 그저 신이 보여 주고 말씀하신 대로 쓰고 말할 뿐임을 밝혀둔다.

앞에서 내가 밝힌 모든 이야기들이 맞아떨어져 나를 예언자로 만들거나 아니면 모두 맞지 않아서 무당 노릇도 못하게 만드는 일도 순전히 신의 뜻이다. 그만큼 신의 처분을 나는 믿으며 신의 말씀을 귀히 여긴다.

한 가지 이러한 일들을 예언하면서 가장 가슴이 아픈 부분은 대형참사나 혹은 서민들이 곤란을 겪게 되는 것을 말할 때였다.

이제 이 책을 마무리하면서 나는 다시 천일기도에 들어갈 것이다. 모든 명산을 찾아다니며 진심으로 국민을 위해 조금이라도 고통을 덜어 줄 수 있는 길을 찾아달라고 간절히 빌어볼 생각이다.

6장 ...
또 다른 미래의 예언

한걸음 더 세상 속으로

〈신이 선택한 여자〉를 출판하자 내게 밀려들었던 것은 바로 진한 외로움이었다. 비록 나 자신은 할아버지 말씀을 따라 세상에 진실을 말했던 것일지라도, 세상은 나를 향해 경외의 눈초리뿐만 아니라 외돌아진 눈빛을 보냈기 때문에 더욱 나를 외롭게 만들었다.

세상이 외돌아진 눈빛을 보내는 이유 중에 가장 큰 것은 예언 부분이었는데, 예언이 맞고 틀리고를 떠나 일개 무녀가 예언을 했다는 것 자체에 세상의 눈초리는 더 곱지 않았던 것 같다. 어떤 이들은 예언 내용 중 맞는 부분이건 그렇지 못한 부분이건 개의치 않고 칭송을 아끼지 않으며 경이의 말을 늘어놓았는가 하면, 또 혹자들은 끊임없이 나의 예언에 대해 논리와 비논리성을 들어 꼬리에 꼬리를 무는 비난을 퍼붓기도 했었다.

그러나 나는 그러한 신랄한 비난이 언제나 자만할 수 있었을 나를 잠재운 비방이라고 생각하며 감사하는 마음을 가졌다. 만일 그러한 비난의 화살이 나를 긴장시키지 않았다면, 영매이기에 앞서 인간인 내가 자만하지 않았을 것이라고 자신할 수 없기 때문이었다. 이러한 것도 할아버지의 살뜰한 배려가 아니었을까 싶어 나는 신당에 들어서면 언제나 감사를 드리곤 한다.

더구나 〈신이 선택한 여자〉를 내 놓고 유명세를 타는 바람에 언제고 이루어졌을 내 운명의 한 자락인 이혼마저도 세인들의 입방아를 끊임없이 자극했던 것을 보면, 책을 낸다는 일이 그닥 보람된 일만 아니며 또 유명해진다는 것은 그 만큼 나의 사생활을 만천하에 저당잡히는 일처럼 부당한 일일 수도 있다는 생각을 남겨 주었다.

그러나 나는 또 다른 책을 쓰게 되었고, 〈신이 선택한 여자〉 때와는 달리 짧은 시간 안에 원고를 마쳐야 하는 어려움을 안고 있었기 때문에 혹 내가 글 쓰는 일을 전업으로 삼고 살아가는 사람이 아닐까 나 스스로도 착각을 일으켰던 때도 있었다.

그렇게도 시간을 재촉해야 했던 이유는 바로 할아버지께 있었다. 할아버지 말씀에 따르면, 이왕지사 내기로 했던 책이니 빠른 시간 내에 원고를 마쳐 정해진 시간 안에 출판을 하라시는 것이었다. 어차피 할아버지 말씀을 믿고 그대로 행하는 나로서는 힘들다 망설일 이유도 핑계거리도 없었다.

초고를 출판사에 넘기고 예언 부분을 남겨두었을 때, 나는 또 한번 난감해지지 않을 수 없었다. 이미 〈신을 선택한 여자〉에서 대부분 예언을 했던 것으로 특별히 달라질 예언이 없었기 때문이다.

그래서 나는 고민 끝에 짐을 챙겨들고 홀연히 동해를 향해 떠났다. 동해 쪽에 자리한 산들을 돌며 유유자적 독서에 몰입을 하는 동안, 나는 될 수 있으면 할아버지께서 알아서 말문을 여실 때까지 끈기있게 기다리며 조르지 않았다.

이유는 간단했다. 한 가지라도 새로운 예언이 나와야 했기 때문이다. 독자들의 실망을 줄이기 위해서는 그나마 〈신이 선택한 여자〉를 통해 해 놓았던 예언이 바뀌지 않는 상태에서 조금 더 정확한 예언이 나와야 했기 때문이다. 그러기 위해서는 할아버지께도 얼마간의 생각하실 시간을 드리는 편이 낫다고 판단했다.

어느 날 나는 동해의 어느 외딴 민박집에서 책을 읽고 있었다. 나른한 백열등이 천장에서 흔들리고 끊임없이 세상을 깨우는 파도소리에 깜빡깜빡 놀라며 졸고 있을 때, 갑자기 할아버지께서는 밖으로 나가자는 말씀을 하셨다. 한 평이 조금 넘을까 하는 민박집 방안이 답답하신가도 싶어 나는 밖으로 나왔다.

시커멓게 울부짖는 바다를 마주하고 섰을 때, 나는 서서히 조여오는 무언가의 힘에 이끌려 스르르 그 자리에 가부좌를 틀고 앉았다.

"이제 네가 볼 세상은 또 다른 세상이니라."

나는 갑자기 저 밑바닥으로 가라앉는 듯한 서늘함을 느꼈다. 그러나 육체의 서늘함과는 달리 머리는 뜨겁게 달구어지고 있었다.

"자, 이제 이 세상을 다시 만천하에 알려라."

나는 한동안 그 세상을 보며 더러는 남감해하기도 하고 더러는 안타까운 마음에 가부좌를 풀지 못하고 새벽을 맞았다.

그렇게 어렵게 입을 여신 할아버지의 말씀을 지면으로 옮기는 작업에서 나는 무엇부터 풀어나가야 할지 몰라 난감한 기분에 휩싸이기도 했다.

며칠을 그렇게 노트와 씨름을 하다가 나는 다시 태백산으로 산기도를 떠날 수밖에 없었다. 태백산의 맑은 정기를 마시면서 나는 다시 한

번 신들이 보여 준 또 다른 세상을 향해 조용히 겸허한 마음을 갖기로 했다. 그리고 언제나 자중자애하는 마음으로 신이 보여 주신 이 또 다른 세상을 공개함에 있어 자신을 갖기로 결심했다.

세상은 나를 향해 다시 한 번 칭송과 비난을 퍼부을 준비를 하고 있음을 나는 알고 있다. 그 만큼 나는 세상을 알고 있다는 것이며, 그 만큼 첫 번째 책을 낸 후 많은 경험을 했다는 뜻이리라.

그러나 이번에는 나 역시 세상을 향해 자신 있게 말할 수 있으리라. 이미 한 번 했던 예언에 대한 나의 진심은 한치의 의심도 없다. 그리고 이제 또 다시 내 놓을 또 다른 세상에 대해서도 나는 예전과 마찬가지로 떳떳하며 자신감 있게 내 놓을 것이라고. 그것은 내가 논리나 비 논리를 따져 풀어놓은 이야기 보따리가 아니라 오직 신들만이 알고 있는 신들이 보여 준 세상이었으므로. 그래서 나는 더욱 믿고 또 이렇게 말할 수밖에 없었노라고. 그 어떤 말로도 나는 이 예언들이 맞거나 틀리는 부분에 대해서 면죄부를 받을 수 없다는 것을 너무도 잘 알기에 나는 모든 것을 신께 맡겼노라고.

등소평은 이미 죽었다

지난 5월 초순(음력). 나는 산기도 중 잠깐 꿈을 꾼 듯한 느낌을 받았었다. 분명 정신이 맑은 상태에서 기도를 드리고 있는 중이었는데, 갑자기 그 꿈 뒷자리에 나른함이 몰려와 혹 내가 산기도 중 잠시 졸았던 것이 아닐까 하는 생각이 들 정도의 야릇한 기분이었다.

갑자기 그 꿈은 세상 속에서 나는 머나먼 땅을 향해 가고 있었다. 누런 흙먼지가 일고 있는 그 사막 같은 땅에서 나는 한 구의 시체를 발견했다. 그것이 바로 등소평임을 나는 그 꿈 같은 세상을 빠져나와서야 알 수 있었다.

그리고 숙소로 돌아와 책을 읽다가 빠져든 단잠 속에서도 비슷한 꿈을 꾸었다. 꿈속에서 나는 어디선가 들려오는 곡소리를 쫓아가다간 어느 낯선 집 안으로 들어서게 되었다. 그런데 그 집 안에는 하구의 시체가 하얀 베일에 덮여 있었다. 나는 꿈을 꾸면서도 끊임없이 그 시체가 누구인지에 대한 궁금증에 시달렸다.

어느 순간 잠에서 깨어났을 때 등줄기가 서늘해지면서 그 시체의 주인공이 바로 등소평이라는 것을 알게 되었다.

나는 꿈에서 깨어나서도 도무지 그 꿈이 무엇을 말하는지 알지 못했다. 그리고 그 이틀 후, 나는 심해진 감기를 다스리려고 약을 먹고 잠자리에 들었다.

원래 깊은 잠을 못자고 잠깐 잠깐 깨어나는 나를 보고 토끼잠을 잔다고들 했는데, 그 날은 약기운 때문인지 아주 달게 오랫동안 잠을 잤던 모양이었다.

막 잠에서 깨어나려는 순간, 나는 허름한 집에서 소복을 입고 앉아 있는 사람들을 보았다. 그때 나는 단지 그 꿈을 바라보는 관망자일 뿐이었다.

그런데 그 소복차림의 사람들에게 에워싸인 채 누워 있는 시체의 얼굴은 등소평이었다.

나는 그 꿈을 바라보면서,

"도대체 왜 자꾸 꿈에 나타나 나를 괴롭히는 거지?"

라고 나도 모르게 불평을 늘어놓았다. 순간 누군가 나의 뒷덜미를 내리치며,

"아직도 그 이유를 모르고 있느냐?"

며 불호령을 내렸다. 돌아보니 할아버지였다. 나는 그 동안 할아버지께서 그토록 알려 주시려 하는 것을 깨닫지 못했던 거에 대해 낯뜨거운 수치심을 느꼈다.

그렇다면 등소평이 죽었다는 것인데, 왜 세계의 매스컴은 조용히 입을 다물고 있는가? 그 이유에 대해 할아버지께서는,

"아직 입을 열 단계가 아니다."

라는 말씀만을 남기셨다. 그리고 그 때는 그저 '곧'이라는 말 외에 더 이상 정확한 시기에 대한 얘기를 해 주지 않으셨다.

오랫동안 등소평 체제를 유지해 오던 중국이 등소평의 죽음으로 어떤 변화를 일으키게 될 것인가? 그것은 당연히 분열이다. 한 나라의 체제를 구축하던 우두머리의 죽음은 알게 모르게 진행되고 있던 권력층의 분열을 가져 올 것이다. 그러한 분열이 표면화되면 당연히 갈등이 일 것이며, 그러한 갈등과 분열은 한동안 진정 국면을 찾기 힘들 것이다.

내가 아리고 중국 권력층의 갈등이라면 당연히 강택민 주석과 이붕 총리의 알력이겠지만, 권력은 강택민 주석이 잡게 된다. 그 만큼 그는 천운을 타고난 사람이기도 하거니와 저력을 가진 사람으로, 절대 권력을 쉽게 놓치지는 않을 것이다. 강택민 주석이 권력을 잡게 되면 비로소 중국은 안정 국면에 들어서게 된다.

이후 중국은 서서히 눈을 뜨고 발전을 꾀하게 되는데, 그 발전이 다만 우리에게 좋은 쪽만으로 이루어지지 않는다는 사실이 조금 안타까울 뿐이다. 좀더 구체적으로 지적을 하자면, 기후나 풍향으로인해 그렇지 않아도 환경문제가 심각한 우리나라에 공기 오염을 초래하게 된다는 것이다.

한편 중국이 발전을 꾀하는 과정에서 우리에게 전혀 이득이 없는 것만은 아니다. 어쩌면 중국의 발전은 끝없이 확장을 꾀하는 국내 기업들에게는 그 기회가 당연히 수출입 시장의 확대로 이어질 수 있다는 것을 의미한다. 이 경기 호조의 기회는 등소평의 죽음으로 인해 더욱 쉽게 이루어질 수 있다. 그러나 더 중요한 것은 그러한 비약적인 발전이 공해 문제를 배제한 상태로 이루어진다면 그 실리 자체가 빛 좋은 개살구 겪이 될 수도 있다는 점을 염두에 두어야 한다.

지금 중국이 당면한 과제 중 하나가 바로 영국에게 무료조차를 했던 홍콩의 반환 문제일 것이다. 아편전쟁으로 인해 100년간 무료 조차했던 홍콩을 반환하는 데 있어 가장 큰 문제가 이미 사회주의하고는 관계가 먼 홍콩을 과연 어떤 정책으로 이끌어나가느냐 하는 것이다.

결론적으로 말하면, 중국은 이제까지의 홍콩의 자유시장 정책은 물론 홍콩민들의 자유민주체재를 그대로 유지시킬 것이다.. 다만, 홍콩에서 벌어들이는 이익이 중국의 개발 자금으로 유용됨에 따라 홍콩민들의 반발이 일 수 있다. 그러나 크게 문제가 되지는 않을 것이다.

아울러 대만에 대한 문제를 보면, 우선 앞으로 10~15년 동안은 대만을 삼키려는 중국과 거기에서 완전히 독립하려는 대만과의 싸움이 치열한 것으로 보인다.

물론 그러는 동안 그 문제로 외신은 시끄러울 것이나 분명 할아버지께서는 앞으로 10~15년 뒤에는 대만이 완전한 독립국가로 설 것이라고 말씀하셨다.

어차피 등소평은 죽었고 그 죽음으로 인해 변화를 겪게 되는 쪽이 어찌 우리뿐이겠는가? 북한 역시 등소평의 사후에는 많은 변화를 맞게 될 것이다.

우선 중국의 체제가 어느 정도 변화를 가져오게 되면 식량난에 시달리는 북한의 주민들은 중국의 체제 변화로 인한 발전 국면을 그냥 지켜보고 있지만은 않을 것이며, 그것은 통일의 길을 재촉하는 청신호일 수도 있다는 것이다.

어쨌든 등소평은 죽었고 중국은 변화하게 되어 있으며, 그러한 중국을 우리는 간과하고 넘어갈 수 없는 위치에 있음을 직시해야 한다.

대북관계

　지난 번에도 밝혔지만, 우리의 평화적인 통일은 지금의 신세대들이 기성세대로 자리를 잡을 2025년에서 2030년쯤에 이루어질 것이다.
　김정일은 권력에서 물러나면 제3국으로 망명하겠지만, 결코 그 병으로 인해 죽지는 않는다. 다만 만사가 다 귀찮고, 오로지 몸의 병으로 인한 의욕 상실이 죽을 때까지 갈 것으로 미루어 그의 종말은 그다지 평화롭지만은 않을 것으로 보인다.
　그렇다면 지난 해 사상 최대의 홍수 피해로 인한 심각한 식량난은 언제쯤 극복 될 것인가? 북한의 체재 붕괴로까지 이어질 것이라는 예상들을 낳고 있을 정도로 심각한 식량난은 비난 북한만의 문제가 아닌 동포로서 안타까운 관심사일 수밖에 없다.
　모든 생산 능력이 저하된 북한에는 그 옛날 우리가 겪었던 '보릿고개'와 마찬가지로 초근목피의 '감자고개'를 넘고 있다는 것이 북한을 다녀온 기자들의 말이다. 또한 그들은 이미 식량난으로 인해 대학에

휴교령을 내릴 정도로 힘든 생활을 하고 있다고 한다. 현재 그들의 식량난을 단적으로 보여 주는 것이 바로 함경도에서만도 8만여 명의 어린이가 영양실조를 앓고 있다는 보도이다. 더구나 누가 물어도 외화 벌이 무역 일꾼은 '북-남 경협만이 살 길'이라고 서슴없이 대답하는 것에서도 그들의 절박함이 느껴진다.

그러나 아무리 둘러보아도 북한의 경제 사정이 나아지는 시기가 정확히 잡히질 않는다. 한 가지, 신께서는 이 북한 문제에 대해 이렇게 말씀하신다. 만일 북한이 신의 말씀을 믿고 따라만 준다면 어느 정도 식량난을 해소할 길, 즉 경제 극빈 상태에서 벗어날 수 있는 길이 보인다는 것이다. 아직 문명의 때를 입지 않은 채 고스란히 남아 있는 모든 자연 경관을 관광지로 개방한다면 북한은 적지 않은 외화 벌이를 할 수 있을 것이며, 그것은 경제난을 이겨내는 청신호 역할을 하게 될 것이다.

한 가지 우리가 염두에 두어야 할 것은, 식량난으로 고통받고 있는 북한 동포들에 대해 우리는 모른 척 눈을 감지 말아야 하며, 또한 내분의 위험으로까지 치닫고 있는 사회적 혼란에 대해 방심해서도 안 된다. 어려운 경제와 척박한 민심을 이기지 못하고 북한이 '죽기 아니면 까무러치기' 식으로 우리를 향해 총부리를 들이댈 가능성도 전혀 배제할 수는 없기 때문이다.

우리나라의 국운

장바구니 경제

아마도 서민들에게 가장 큰 관심거리는 물가가 얼마큼 오르느냐 하는 경제적인 문제일 것이다. 이전에도 밝힌 바 있지만, 올해 우리 나라의 경제적인 어려움은 서민들의 생활에 어려움을 가중시킬 것이다. 이미 백 년만의 불볕더위를 예상하는 기상청의 예보와 때를 같이 하여 생필품의 가격과 대중교통 요금이 모두 올라 버렸다.

특히 서민들의 시장바구니 무게에 가장 많은 영향을 미칠 곡물가격의 인상은 한동안 지속될 것이다. 또 하나 뒤에 다시 설명하겠지만, 몇 년래 안에 세계적인 기상 이변으로 인한 농산물의 흉작은 식량난을 초래하게 될 것이다.

흉년으로 농가에서는 근심이 끊이질 않겠지만, 그래도 농사를 버리고 다른 일을 찾는 우매한 일은 벌이지 않도록 각고의 노력을 다하라고 당부하고 싶다. 할아버지의 말씀에 따르면 식량난은 단지 우리나라만의 고통이 아니고 전 세계적으로 식량난에 직면하게 될 것이라고 한다.

우리나라 역시 6.25 이후 최대의 식량난을 겪게 된다고 말씀하시는데, 닥쳐올 식량난을 극복하기 위해서는 농지를 산업용도로 바꾸기보다는 열심히 개간해서 식량난 대비를 철저히 하는 것이 좋고 하신다.

당연한 말이겠지만, 전세계적으로 식량난이 닥쳐오면 외국에서의 쌀 또는 농산물 수입은 꿈도 꿀 수 없는 형편이 될 것이다. 휴농지까지 개간하여 착실히 농업에 종사하는 일은 국내의 식량난을 극복할 수 있는 한 방법이 될 수 있을 것이다. 거기에 과학적인 기술을 도입해 '슈퍼백미'와 같은 희귀종의 백미를 연구하는 일도 시급한 문제가 아닐 수 없다.

요즘 산기도를 가려고 길을 나서면, 주차장을 연상케 할 만큼 도로를 가득 매운 많은 여행객들의 차들을 보게 된다. 그럴 때마나 다는 아직도 외화내빈의 생활을 즐기고 있는 사람들이 많다는 사실에 한숨이 절로 흘러나온다.

무엇보다 나는 이부분에서 강조를 거듭하고 싶다. 앞으로 경제가 어느 정도의 완화를 가져올 시기는 아직도 5년~7년 이상의 시간이 필요하다. 그 시간들을 힘들지 않게 이기는 방법은 바로 내핍밖에는 없다. 있어서 쓰지 않는 것과 없어서 쓰지 못하는 것은 엄청난 차이가 있다. 어려운 경제 상황의 악순환은 거듭될 전망인데, 그것을 궁핍하게 살아내지 않는 방법은 지금부터라도 내핍을 하는 것이다.

내년이라고 경제가 달라지지는 않는다. 내각제가 되어 초대 수상이 등극을 하게 되더라도 경기 바닥 상태는 결코 한순간에 바로 잡을 수 없다. 그러므로 한 5년 동안은 여전히 힘겨운 경제를 살리기 위해 애를 써야 한다. 그러한 경제가 잡히는 시기를 정확히 말한다면 2005년도 하반기나 2007년도를 기점으로 어느 정도의 안정을 찾게 된다.

이제껏 어느 정도의 긴축 재정을 했던 사람이라면 안심을 하겠지만, 그래도 앞으로의 경제를 생각해서 여전히 내핍의 생활을 하는 것이 현명하다.

무조건 내핍과 긴축을 해야 한다고 말할 수밖에 없는 나 자신도 안타깝지만, 그래도 할아버지께서는 경제의 호전은 이미 2007년이 지나야 한다고 말씀을 하시니 그 멀고도 가까운 시간을 슬기롭게 이기는 방법은 긴축과 내핍밖에는 없다는 것을 다시 한 번 강조한다.

경제적인 어려움이 가져올 사회적 혼란은 98~99년에 절정에 달하게 되며, 국내적으로도 올 하반기에는 더욱 극심한 경제난에 시달리게 된다. 이것은 굳이 예언의 힘을 빌리지 않고라도 많은 사람들이 예상하고 있는 부분이다.

앞으로 경기의 바닥 상태가 지속되는 상황에서 서민들의 생활은 엉망이 될 것이고, 빈부의 격차는 점점 심해져 살기 힘들다는 소리가 곳곳에서 들려오게 될 것이다.

기업 경제

경제가 어려워지면 제일 먼저 타격을 받는 것 또한 경제를 주도하는 그룹사들이다. 그들이 경제를 차지하는 부분이 큰 반면, 세계적인 경제 공황은 그들의 발과 손을 묶는 격이기 때문에 더욱 그렇다.

그러한 혼란의 시기에 새로운 업종을 내세우는 신종기업들의 성장이 예상된다. 신종기업들의 성장은 물론 국가적인 측면에서도 바람직

한 현상으로 받아들여져 앞으로의 길은 탄탄대로라고 할 수 있겠다. 즉, 국가적으로나 또 경제계를 통해서 신종기업들의 성장은 정책적인 보호를 받으면서 성장해 갈 것이다.

얼핏 정기구독을 하고 있는 시사지에서 재계 최대의 이슈로 떠오른 PCS 사업권 선정에 대한 기사를 읽는 순간 난 가장 유력한 기업으로 LG를 꼽았었다. 이동전화를 잇는 다음 세대 최고의 무선통신이며 2005년, 시장 규모만도 5조 원이 예상되는 개인휴대통신인 PCS(Personal Communication Services) 사업. 그야말로 단군 이래 최대의 이권사업이 아닐 수 없다. 결국 사업권자는 LG가 선정되었었다.

LG의 사업권자 선정을 둘러싸고 많은 반발이 일고 있지만, 사실상 이제부터 LG는 제1의 기업으로 발돋움하면서 재계에 지각 변동을 일으킨다는 것이 신의 뜻이다.

다음은 한국화약, 점차 급진전을 보이게 될 이 그룹은 여러 가지 면에서 기업간의 순위에 변동을 가져오게 될 것이다. 그렇게 보면 반도체 산업의 불황은 어차피 계속될 전망이라는 결과론이 나오게 되는데, 기존의 기업들은 하는 수 없이 현상 유지를 위한 노력으로 순위를 지키기에 여념이 없을 것이다.

그렇다면 앞으로 경제 순위를 이끌어갈 업종이 무엇인가에 대한 것으로 관심이 집중될 것이다. 새로 부상할 업종이 무엇인가를 알기 위해서는 이제껏 우리 경제의 호·불황을 쥐고 있던 건설업의 침체에 관한 문제를 짚고 넘어가야 할 것이다.

70년대를 기점으로 본격적인 한국 경제의 주도권을 쥐고 있던 건설업은 이제 중동 경기가 시들해진 것과 기간산업의 완성을 통해 침체기를 맞을 수밖에 없는 상황이다. 이미 소방도로 하나 제대로 지켜지지 않을 정도로 대도시의 땅에는 더 이상의 아파트를 지을 땅덩이조차 없는 포화상태이고 보면, 건설업의 침체는 앞으로도 향후 몇 년은 거듭될 것이라는 결론이 나온다. 그러나 이 건설업이 그대로 물러앉지는 않을 것이다. 그것은 향후 5~7년 안에 건설업을 침체의 늪에서 건져낼 새로운 사업이 등장하게 될 것이기 때문이다.

그것은 어쩌면 아프리카나 양극지방과도 관계가 있으며 향후 이어질 통일한국에도 크게 영향을 받게 되는 것이다. 그 시기는 2007년을 기점으로 이루어질 것이며, 그 후 건설업의 호황은 다시 그 권좌를 되찾을 것으로 보인다.

그렇다면 어떤 사업이 그 동안 우리 경제를 휘두르게 될 것인가? 내가 보기에 광고나 통신과 같은 산업의 발전이 눈에 띄게 발전할 것으로 보인다. 건설업의 침체는 제품 쪽으로 선회할 것이고, 제품은 건설과는 달리 반드시 광고를 엎고 있어야 하기 때문이다. 문제는 국내외를 통틀어 소비자의 구미를 당기는 일이 우선이기 때문이다.

그러나 신흥기업들의 성장이 결코 중소기업들의 발전에 청신호가 될 수 없다는 사실이 안타깝다. 정부에서 아무리 뒷받침을 해 준다고는 하지만, 그야말로 은행과의 거래에서조차 대기업과 경쟁 상대가 되지 않는 중소기업들의 어려움은 날로 심해져 5년 안에 회복될 가망성은 없다.

이러한 중소기업을 살리는 길이 있다면 그것은 바로 우리 민심이 외제나 대기업 제품에 국한되지 말고 중소기업의 알찬 제품에도 눈을 돌려주는 길밖에는 없다.

해외 시장으로 눈을 돌리는 기업들의 시선 안에는 분명 북한이 들어 있기 마련이다. 그러나 우리의 기업들에게는 영원한 숙원 사업이 될 수 있는 남북한 경제협력은 앞으로도 3~4년이 지난 후에야 가능성이 있다.

이렇듯 경제가 어려운 데에는 국내의 인재들을 다국적 기업들에 놓치는 것도 한 이유가 될 것이다. 그 인재들을 국내 기업에서 놓치는 일은 국가적으로도 막대한 손실을 가져오게 된다. 따라서 앞으로도 기업들은 우리나라 인재들을 잘 관리하는 부분도 간과해서는 안된다.

또 앞으로 중국의 성장 발전으로 인해 우리나라 경제가 차츰 성장 국면으로 돌아서게 될 것이다. 그것은 다시 말해 중국과 우리 사이의 단일 경제권은 아니더라도 어느 정도의 경제권 수립이 가능하다는 것을 암시하는 일이라 하겠다.

마지막으로 한 가지 우리 기업들에게 귀뜸해 두건대, 앞으로 아프리카와 양극지방에 눈을 돌려 볼 일이다. 신이 선택한 땅인 그 두곳은 분명 우리나라 경제 발전에 좋은 기회를 제공해 줄 것이다.

대형사건 · 사고의 가능성

일단 동짓달과 섣달 사이에 있을 정계의 커다란 혼란은 사회적인 문제를 수반하게 돼 한동안 시사지의 사회면을 시끄럽게 할 것이다.

그러나 우리 서민들이 걱정하는, 내년까지의 국내 운으로 미루어 보면 대형 사건이나 사고는 없을 것이다. 다만 경제적인 악순환이 거듭될 것이다.

1년 전에 일어났던 삼풍사고나 그 밖의 대형사고는 일단 내년까지의 국운에 비추어 없는 것으로 보여진다. 하기사 경제적인 악순환에서

오는 사회적 혼란이나 또는 정치 쪽의 혼란 등이 서민들의 민심을 불안하게 만드는 일이 어쩌면 더 큰 사건이나 사고일 수도 있겠지만, 어쨌든 인위적이든 자연발생적이든간에 대형사고가 없어 큰 인명 피해가 없다는 것은 어쩌면 다행스러운 일일지도 모른다.

어찌됐든 누구 하나 의지할 곳도 없이 척박한 세상에 살고 있는 우리 서민들은 모쪼록 긴축하고 내핍하는 생활로 앞으로 다가올 엄청난 경제난을 극복할 일이다.

도래할 도덕과 신의의 시대

앞에서 5~7년 내에 전세계는 대홍수와 대한발, 그리고 그로 인한 기근과 식량난을 겪게 될 것이라고 했다. 한동안 이어질 이러한 자연재해와 식량난 등은 정치, 경제, 사회적인 제반 문제들과 결합되어 전세계적으로 커다란 혼란을 불러올 것이다. 사흘 굶으면 남의 집 담장을 넘지 않는 사람이 없다는 옛말이 있듯이 배고픔은 일단 사람들을 사악하게 만들고, 안 그래도 이기적인 세상 민심을 더욱 이기적이고 자기 중심적으로 바꾸어 놓게 되며, 인간의 의지로 막을 수 없는 천재지변은 인류 멸망이 예견될 정도로 절망스러울 것이다.

이러한 혼란이 지속되면 으레 종말론이 등장하고 재림주나 구세주 등을 자칭하는 자들이 속출하기 마련이다. 세기말과 겹쳐 겪게 될 인류의 불행은 민심을 전례가 없을 정도로 종말론 등에 매달리게 만들 것이다.

이미 옴 진리교라는 사이비 집단의 독가스 테러를 통해 세계가 경악을 금치 못했던 지난 해, 러시아에도 사이비 교주가 출현했다는 기사를 읽은 바 있다. 그 기사에 의하면 '최후의 약소 교회'라는 신흥종교가 생기면서 파산한 지식인들이 남은 재산을 정리해 시베리아에 간단한 마음을 꾸리고 살아가고 있다는 것이다. 신도는 약 5천 명 정도에 이른다고 하는데, 그들은 벌써 40개 정도의 마을을 이루고 살고 있다. 그들이 내세우는 교리란 다름 아닌 순수한 자연환경 속에서 정신을 정화하며 지구의 종말을 막고 또 종말의 날을 연기시키고 있다는 것이다. 이 '최후의 약속 교회'를 이끄는 교주는 비사리온이라는 사람인데, 그는 재림예수를 자처하며 전 인류를 구제하겠다는 야망을 가지고 있다고 한다.

비사리온은 그리스어로 숲을 뜻한다고 한다. 세르게이 토로프라는 본명을 가진 이교주는 이제 서른여섯으로 화가, 노동자, 경찰관등 직업을 7번이나 바꾸다가 끝내 재림예수로 정착을 했다고 한다. 그는 부인과 세 아이를 데리고 자신을 추종하는 신도들과 함께 살고 있는데, 그가 만든 61계명 안에는 '이익을 위해 거짓말을 하는 것은 좋은 일이다' 나 '유혹에 이길 수 없으면, 유혹에 대항하지 말라'는 등의 어처구니 없는 내용이 있어 그야말로 말세를 보는 듯하다.

그들이 말하는 종말은 이미 1990년부터 시작이 되었고, 앞으로 15년 뒤에는 종말이 완료될 것이라는 것이다. 어찌됐든 그는 내가 보아도 유토피아를 팔며 자신의 이익을 추구하고 있는 종말론 사업가 정도로밖에 보이지 않는다.

이외에도 지금까지 많은 사람들이 정신적인 불치병을 앓고 있는 자들이 선량한 사람들을 이용하는 가짜 선지자나 재림주의 출현을 목격했을 것이다.

내가 〈신이 선택한 여자〉를 통해서도 밝혔듯이 20세기 말에서 21세기의 초에 벌어지는 환란은 결코 이 지구를 멸망의 도가니로 몰고 가지는 않을 것이다.

세기의 대 예언가인 노스트라다무스의 예언에서 밝혀진 1999년 7월의 종말은 전에 이미 내가 밝혔듯이 인류의 종말이 아닌, 사악한 영혼의 종말을 뜻하는 것이다. 즉, 구체제가 역사의 뒤안으로 사라지는 가운데 새로운 신체제가 전면에 등장함으로써 세계는 다시금 태초의 그때처럼 새로운 시작을 하게 될 것이다. 다시 말해서 '힘의 시대'는 이미 종말을 고하고 도덕과 인이 사람들을 한차원 높은 정신 세계로 이끌면서 새시대가 열리게 되는 것이다. 그 만큼 새로운 시대를 맞이하기 위해 인류가 끝이 보이지 않을 정도의 진통을 겪게 되는 것은 불가피한 일이라 할 수 있다.

이러한 화란은 극복하는 슬기로운 자세는 바로 부화뇌동을 금기시여기라는 것이다. 자칫 종말론에 휩싸여 이리저리 부유하다 보면, 새로운 세대의 교체를 보지도 못한 채 스스로 자멸하기 십상이기 때문이다.

미래의 중심국가

앞에서 말한 여러 절망스런 환란의 나날을 보내는 인류는 마지막 희망이라는 심정으로 메시아의 출현을 고대하게 될 것이다. 노스트라다무스는 인류가 멸망의 위기에 직면할 때 아시아에서 구세주가 나타날 것이라고 예언했다. 또 이미 〈격암유록〉이라는 책을 쓴 조선 중엽의 남사고 선생과 우리나라 불교계의 성인인 탄허 스님 등 많은 분들이 통일한국에서 구세성인이 나온다고 예언했다. 노스트라다무스가 예언한 아시아국가에서의 메시아 탄생은 탄허 스님 등이 말하는 구세성인과 일치한다. 이 구세성인이 바로 통일한국에서 나옴으로써 인류의 발전은 물질적인 것에서 정신적인 것으로 옮아가게 되는 것이다.

지금까지 인류는 더할 수 없는 물질의 발전을 이룩해 왔다. 종종 공상과학 영화나 만화에서는 인간이 만들어낸 로봇에 의해 인간이 지배를 받게 되는 모습을 그리고 있는데, 이것을 단순히 있을 수 없는, 또한 허구의 것들로만 치부해서는 안 될 것이다. 정신세계를 등한시 하는 물질만의 발전은 인간 스스로를 로봇의 노예, 물질의 노예가 되도록 하는 것이나 마찬가지다. 따라서 어느 정도까지의 물질적인 발전이 이루어진 후에는 인간이 자신과 우주만물과의 관계를 재정립하고자 정신세계에 대한 관심을 높여가는 것은 인류 발전의 필연적인 결과라 할 수 있을 것이다. 특히 대한발이나 대홍수, 기근과 식량난 등의 환란을 겪고서야 새로운 세상을 맞게 되는 것은 인류가 그 동안 얼마나 물질적인 것만을 추구하며 자연과 정신 세계를 등한시해왔나 하는 것을 뼈저리게 느끼게 하는 것이 될 것이다. 따라서 다음 세계를 이끌어갈 주도적인 세력은 힘이나 자본이 아닌 차원 높은 정신적인 힘이 새로운 지도 법칙으로 등장하게 되는 것이다.

식민지 시대와 전쟁의 폐허를 딛고도 단시일 내에 고도의 경제성장을 이루었던 나라 한국, 지금의 이만한 성장을 이루어 낸 것은 자원도 자본도 아닌, 눈에 보이지 않는 정신과 영의 힘이었다. 이러한 정신적 힘을 바탕으로 통일한국에서 나올 구세성인은 모든 종교를 하나로 만나게 하는 종교화합을 시도할 것이고, 이를 중심으로 정치적인 국경, 경제적인 국경이라는 개념이 사라지고 다만, 지역적인 국경만이 남을 것이다. 이로써 전세계가 한반도를 중심으로 움직이는 슈퍼 팍스 코리아나 시대가 열리게 되는 것이다.

외로운 사람들의 가장 가까운 벗이 되고 있는 그녀

<경향신문 스포츠칸 종합뉴스부 부장, 시인, 문학박사>

　무속신화를 보면 무속인은 죄를 받은 사람이다. 무속인이 되는 첫 과정인 내림굿이 그렇다. 내림굿을 할 때 빠지지 않고 행하는 것이 칼선다리타기다. 일명 칼타기라고 하는 이 행위는 과거의 벌을 대신하는 것이다.

　무속인이 되려면 이 벌을 무사히 받아야 가능하다. 이 행위를 무사히 통과해야 비로서 과거의 죄를 털고 주위의 아픔을 겪는 사람들이나 상처받은 사람들, 그리고 가난한 사람들에게 도움을 주는 삶을 살아가게 된다. 그것이 무속인의 삶이다.

　무속인이 되어 자신의 욕심만을 채우기 위해 점을 본다거나 굿을 하게 되면 무속인으로서의 역할을 제대로 할 수 없다. 착하게 남을 도우며 살아가라는 몸주신의 명을 거역한 것이기에 몸주신이 무속인의 능력을 앗아간다.

　이런 의미에서 보면 심진송씨는 영험한 무속인이 되는 모든 조건을 갖췄다. 무속인의 통과 의례인 내림굿 과정에서의 칼선다리타기를 거친 것은 물론이다. 무속인이 된 이후 지금까지 그녀는 무엇보다 주위 사람이 곤란을 겪는 모습을 그냥 넘기지 못하고 사랑의 손길을 뻗쳐 도와주곤 한다.

　심진송씨를 처음 만난 것은 95년 여름이었다. 당시 그녀는 김일성 사망을 예언해 매스컴의 주목을 받으면서 〈신이 선택한 여자〉라는 책을 냈을 때였다. 이 책을 처음 접한 나로서는 풍문으로만 듣던 무속인의 아픔을 고스란히 느낄 수 있었다. 이와 더불어 그녀의 예언이 어떻게 나올 수 있으며 그 예언이 얼마나 맞는지에 대한 궁금증이 일기 시작했다.

당시 일선 기자의 입장에서 그녀를 찾아갈 수밖에 없었다. 일단 책을 낸 배경과 어떤 경로를 통해 신과 만나는지를 취재했다. 그리고 기사화했다.

이후 개인적으로 나보다 9살이 많은 그녀를 누나라고 부르게 됐다. 이유는 진정한 무녀라는 생각에서였다.

그러다 보니 다른 신문사나 잡지사에서 심진송이라는 무속인을 취재하는 것이 아니라 나를 취재하기도 했다. 말하자면 심진송이라는 인물이 어떤 사람인가, 정말로 진실되고 욕심없는 무속인인가 하는 등등의 질문을 하곤 했다. 나는 알고 있는 범위 내에서 답했다. 내가 그동안 만나 본 무속인 중 최고였다고. 인간성 면에서나 무속인 측면에서 그러했다고 대답하곤 했다.

사실이 그러했다. 앞에서 언급한 바와 같이 무속인은 죄를 받은 사람이다. 때문에 고통 받는 많은 사람을 위해 자신을 버려야만 한다. 그녀는 그것을 행하고 있었다. 당시 찾아온 손님들(무속인들은 이들을 신도라고 부른다)이 놓고 간 쌀이며 온갖 먹을 것, 그리고 그 신도들이 놓고 간 상당수의 돈이 아무도 모르게 양로원이나 고아원으로 들어가고 있었다. 이 사실을 아는 사람이라고는 집에서 일하는 사람들뿐이었다.

그녀는 외로운 사람들의 가장 가까운 벗이 되고 있었던 것이다. 그 하나만으로도 심진송이라는 무속인은 기자의 누나가 될 자격이 충분히 했고 심진송을 묻는 기자에게 '최고'라는 말을 할 수 있었던 것이다.

그렇게 가까워지면서 나는 무속 사상에 박차를 가했다. 지금은 대학에서 문학사상을 강의할 때 제일 먼저 무속부터 강의한다. 우리 문학 속에 알게 모르게 흡입돼 있는 무속을 공부하지 않으면 잘못된 해석이 나올 수 있기 때문이다.

이렇게 공부에 공부를 더하면서 그녀에 대해서도 더 많은 것을 알게 됐다. 무속인이 예언을 하는 데는 두 가지 방법이 있다. 하나는 자신이 모시고 있는 몸주신으로부터 말로만 듣는 방법이다. 또 하나는 듣고 보기까지 하는 것이다. 어떤 이는 이를 라디오형과 TV형으로 분류하기도 했다.

말로만 듣는 것은 옮기는 사람이라면 누구나 그렇듯 옮길 때 자칫 다르게 전달될 수도 있다. 하지만 듣고 보는 것을 동시에 하는 사람은 하나의 사건이나 기록이 뇌에 훨씬 오래 입력된다. 따라서 그만큼 정확한 정보를 제공할 수 있는 것이다.

심진송은 후자에 속한다. 사람이 신당에 들어올 때 그 사람의 조상의 따라 들어오는 모습을 보는 것이다. 그 모습이 죽은 상태 그대로 나타난다. 즉 목매달아 죽은 사람은 혀를 내민 상태 그대로이고 물에 빠져 죽은 사람은 퉁퉁 분 모습이다. 사고로 죽은 사람은 사고 당할 당시의 모습으로 나타난다. 이 모습에서 그 조상이 무엇을 원하는지도 쉽게 알게 되는 것이다. 당연히 영력이 있는 무녀로 성장할 수밖에 없다. 나라의 앞일을 예언하고 걱정하는 그녀의 모습을 보고 나는 그녀를 '나랏무당'이라고 칭하기도 했다.

2006년 현재 심진송은 김일성 사망을 예언하고 김대중 대통령 후보의 대통령 당선을 예언하던 일명 '족집게' 무속인에서 한국의 전통사상인 무속을 더욱 발전시키고자 하는 진정한 나랏무당이 된 것을 보고 있다.

무속박물관을 세우고자 낙랑시대의 무속 장비부터 현재 사용되는 특이한 용구들을 수집을 하고 연구하고 있다. 무속사상을 올바르게 전파하기 위해 음반도 냈다. 그리고 지금은 대학에서 강의도 하고 있다.

2006년 1월에는 어둡고 아픈, 그러나 그녀의 말대로 보람 있는 무녀의 삶을 보여주기 위해 뮤지컬 공연을 준비하고 있다. 이 모두가 개인적인 무녀의 길에서 사회적으로 무속사상을 확산하는 길을 모색하기 위함이다. 이러하니 그녀는 이미 한국을 대표하는 '나랏무당'인 셈이다.

이번 수정보완판에는 한 여자의 첫사랑과 아버지, 어머니, 첫 남편과 아들, 그리고 유년의 기억을 기록하고 있어 그녀의 삶이 한으로 점철된 과정임을 고스란히 드러내고 있다. 뿐만 아니라 충격적인 미래예언도 상당수 들어 있다. 이 예언이 맞고 안 맞고는 사실 독자의 몫이다.

'믿는 자에게 복이 있다'는 말이 있듯 믿으면 맞을 것이고 믿지 않으면 맞지 않을 것이다. 비판의 눈으로 보는 사람에겐 틀린 구석만 보일 것이고 그렇지 않으면 맞는 신통력이 있는 것이다.

아무튼 심진송이라는 무속인은 우리 사회에 무속의 개념을 다시 한번 재정립하게 하는 데 큰 일조를 한 사람으로 기억하고 있다. 그런 그녀가 다시 책을 낸다며 서문을 부탁했을 때 내가 선뜻 승낙한 이유이기도 하다.

그녀가 '앞으로도 우리 사회를 걱정하고 미력한 힘이나마 무속의 인식을 바꾸는 일을 계속할 것'이라고 하니 반가운 일이다. 모쪼록 뮤지컬과 무속박물관 건립, 그리고 새로운 대학 강의를 통해 우리 사회에 일조하는 인물로 남기를 진정으로 바란다.